헬스 박사의 과학편지

몸
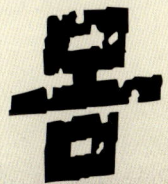

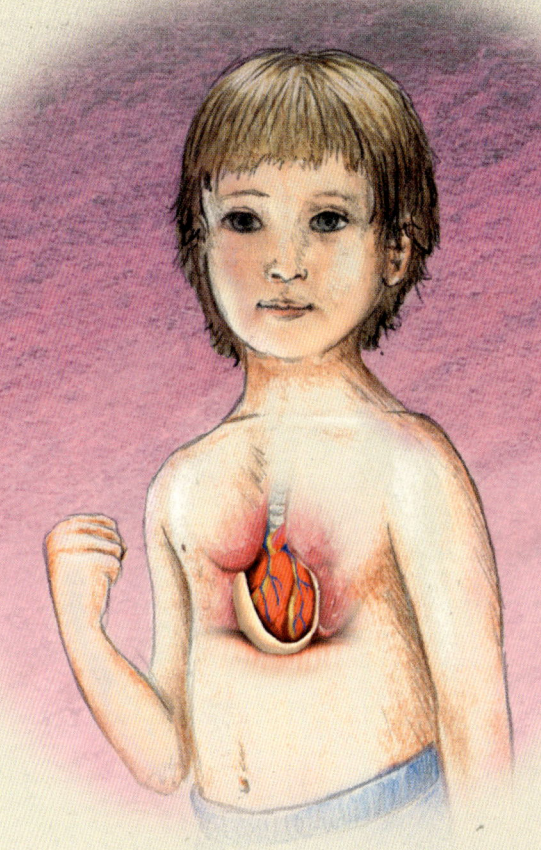

QA 과학기획팀 지음 추미옥 옮김 김덕희 감수

 과학동아북스

헬스 박사의 과학편지

봄

2008년 3월 14일 초판 1쇄 인쇄
2008년 3월 20일 초판 1쇄 발행

지은이 QA 과학기획팀
옮긴이 추미옥
감수 김덕희
펴낸이 김두희
주니어사업본부장 이억주
편집책임 정영훈
편집 임순지
디자인팀장 김인규
디자인 박소향 이한철
마케팅센터총괄팀장 이경민
유통사업1팀장 최승욱

유통사업1팀 김재필 김창호 손해봉 변유경
펴낸곳 (주)동아사이언스
등록일 2001년 3월 15일
(제312-2001-000112호)
주소 (120-715)
서울시 서대문구 충정로 3가 139번지 동아일보사 3층
전화 (마케팅)02-3148-0861~4
(편집)02-3148-0830~3
팩스 02-3148-0809
홈페이지 http://www.dongaScience.com
ISBN 978-89-91844-74-2 74400
978-89-91844-71-1(세트)

※ 책값은 뒷표지에 있습니다. 잘못된 책은 바꿔 드립니다.

이 책에 등장하는 인물들은 모두 실제 인물들이 아닙니다.
실제 인물과 비슷한 점이 있더라도 우연일 뿐입니다.
책에서 설명하는 사실들은 모두 정확한 것이지만,
글쓴이가 개인적으로 소장한 자료들이라고 밝힌 신문 기사,
편지, 책, 잡지 기사 등은 모두 이 책을 만든 이들이 꾸민
것들임을 밝힙니다.

과학동아북스는 과학문화창조기업
(주)동아사이언스의 출판 브랜드로서
다양한 콘텐츠를 바탕으로 유익한 과학책을
만들고자 노력하고 있습니다.

My Notebook of Questions : The body is created and produced by QA International 329, rue de la Commune Ouest, 3e étage Montréal (Québec) Canada H2Y 2E1

Tel. : +1.514.499.3000
Fax. : +1.514.499.3010
www.qa-international.com
ⓒ QA International 2007. All rights reserved.

Korean translation copyright ⓒ2008
by DongaScience Co., Ltd
Korean Edition is published by arrangement with
QA International through PK Agency, Korea.

본 저작물의 한국어 판권은 PK Agency를 통해 QA International과의 독점 계약으로 (주)동아사이언스에 있습니다. 한국 내에서 저작권법에 따라 보호를 받는 책이므로 무단 전재와 무단 복제를 금합니다.

차례

우리의 피부는 무엇으로 이루어져 있어요? 5
뼈는 왜 있어요? 10
우리 몸에는 뼈가 몇 개 있으며, 뼈는 무엇으로 만들어졌어요? 12
혀가 왜 필요해요? 17
몸은 어떻게 움직여요? 20
심장은 어떻게 생겼어요? 24
침은 왜 나와요? 27
앞을 못 보는 사람이 글을 어떻게 읽어요? 30
눈은 어떻게 작동해요? 33
왜 우리는 귀가 두 개예요? 36
젖니는 왜 빠져요? 38
겉눈썹과 속눈썹은 왜 있어요? 41
발은 왜 냄새가 나요? 44
왜 치아는 서로 다르게 생겼어요? 46
키가 크려면 왜 밥을 먹어야 해요? 48
왜 피는 붉은색이에요? 52
손톱과 발톱은 왜 있어요? 55
왜 사람의 피부색은 여러 가지예요? 59
우리 할아버지의 머리카락은 왜 하얘요? 62
딸꾹질은 왜 하나요? 64
눈동자의 크기는 왜 바뀌어요? 68
왜 우리는 부모님을 닮아요? 71
왜 우리는 방귀를 뀌지요? 74
지문은 뭐예요? 76
머리카락은 어떻게 자라요? 79
소변은 뭐예요? 82
배꼽은 왜 있어요? 85
왜 할머니, 할아버지들의 피부에는 주름이 생겨요? 88
왜 어떤 사람들은 머리카락이 없어요? 90
왜 우리는 잠을 잘 때 눈을 감아요? 92

과학편지를 읽는 모든 친구들에게

　매일같이 여러분의 심장은 뛰고, 허파는 숨을 쉬고, 위는 소화를 하지만, 여러분은 그것을 깨닫지 못하고 있지요! 사람의 몸은 놀라울 정도로 효율적인 기계랍니다. 나는 인체의 모든 것이 놀라워요. 나만큼이나 이 주제에 흠뻑 빠져 있는 호기심 많은 어린 친구들이 많더군요. 너무나 많은 질문들을 받았거든요. 우리의 귀는 왜 두 개일까? 배꼽은 왜 있을까? 혀는 무슨 일을 할까? 지문은 무엇일까? 이것들은 어린이 친구들이 나에게 보낸 질문들 가운데 몇 개에 불과해요. 이 과학편지에 질문들에 대한 답을 담았어요. 간단한 도표와 사진과 그림도 곁들였어요. 여러분이 혼자서 궁금해했던 질문들에 대한 답을 찾길 바랍니다!
　그럼 즐겁게 읽어요, 친구들!

－ 헬스 박사

*본문에 나오는 어린이들의 나이는 우리나라 나이로는 2살 정도 많음을 알려드립니다.

> 헬스 박사님께
> 제 피부가 무엇으로 이루어져 있는지 알고 싶어요. 가르쳐 주시겠어요?
> 고맙습니다!
> — 오드리, 8살

오드리에게

    오드리의 질문에 대답하기 전에 우리의 몸이 무엇으로 이루어져 있는지 설명해야겠구나. 여름 휴가에 관한 추억 하나를 이야기해 줄게……. 지난 2002년이었지. 여동생과 나는 솜씨가 뛰어난 건축업자들이 만들어 놓은 모래 조각상들 사이를 걷고 있었단다. 프랑스 북부의 아르델로 해변이었어. 조각들을 이루고 있는 수많은 모래알을 보니 우리의 몸 같았어. 왜냐고? 우리도 '세포'라고 하는 수많은 작은 구조들로 이루어져 있거든.

    하지만 모래알과는 달리 우리의 세포는 살아 있지. 세포는 태어난 뒤 자라고, 스스로 영양을 공급하고, 재생하고, 죽는단다. 우리의 몸이 잘 작동할 수 있는 것은 바로 이 세포들 때문이란다. 세포의 종류

아르델로 해변에서 본 가장 아름다운 모래 조각상 가운데 하나

는 다양하단다. 사실 몸의 각 기관은 저마다 비슷한 세포들끼리 이루어져 있지. 심장은 하나의 세포 집합이지. 폐와 근육과 두뇌도 마찬가지고, 피부도 그렇단다. 인체를 둘러싸고 있는 이 거대한 '봉투'는 우리 몸에서 가장 중요한 기관이야.

 물론 우리는 심장이나 두뇌나 폐가 없으면 살 수 없지만, 피부는 외부와 가장 먼저 접촉하는 부분이지. 우리 주위에 무슨 일이 벌어지는지를 알려 주는 것이 피부야. 쓰다듬을 때의 감촉, 상처, 쾌적한 온도나 뜨거운 온도…… 이 모두를 피부가 탐지하지! 또한 피부는 세

균과 충격과 태양의 해로운 광선으로부터 몸을 지켜 주는 방어막이기도 해. 자 그럼, 오드리의 질문으로 다시 돌아가 볼까! 다음 두 페이지에 그려진 그림을 한번 보렴. 피부를 구성하고 있는 세 개의 층과 피부 속의 여러 가지 구조들이 보일 거야.

오드리도 피부를 잘 관리해서 오랫동안 건강을 유지하렴!

-친구 헬스 박사

몇몇 **신경 수용체**가 통증, 온도 변화, 압력과 같은 외부에서 오는 신호를 탐지한다.

땀구멍은 피부 표면으로 땀을 배출한다.

표피는 피부에서 만질 수 있는 부분으로, 몸을 외부의 공격으로부터 보호해 주는 막이다.

진피는 몸의 주변에서 무슨 일이 벌어지는지 알려 주는 여러 가지 구조들로 이루어져 있다.

피하는 주로 지방세포로 이루어져 있다. 이 세포들은 충격을 흡수하고 체온을 유지한다.

땀샘에서는 땀을 만든다.

피지선은 피지라고 하는 지방을 만들며, 피지는 피부가 건조해지는 것을 막아 준다.

모낭은 털을 만든다.

근육은 추울 때 털이 곤두서게 만든다(소름이 돋는 현상).

혈관은 혈액을 피부에 전달한다.

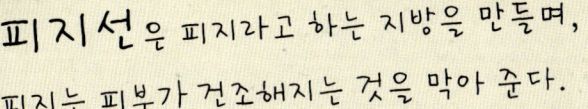

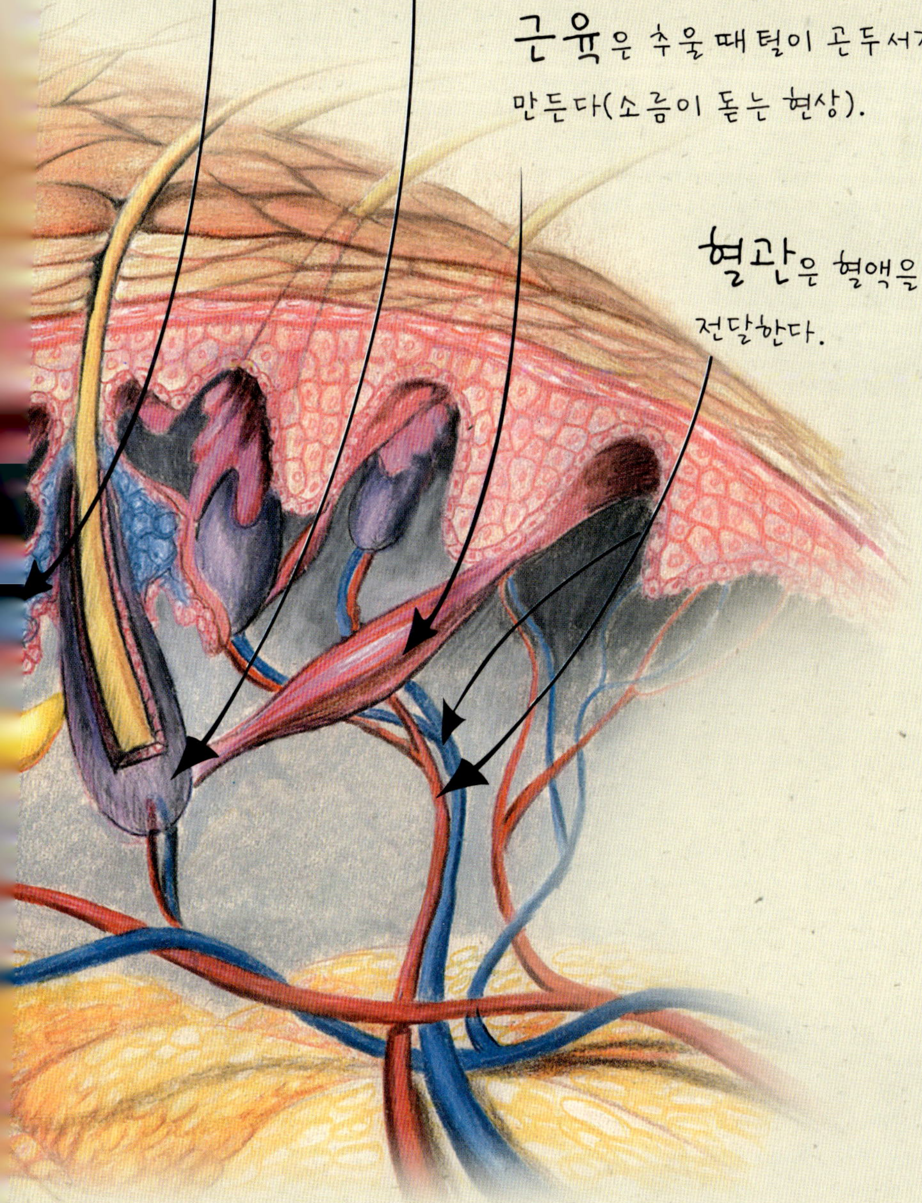

발신: 아담
제목: 뼈
날짜: 2006년 8월 7일
수신: 헬스 박사님

박사님께

왜 우리 몸 안에는 뼈가 있어요?

답변해 주시면 고맙겠습니다.

- 아담, 7살

아담에게

아담의 몸에 뼈가 없다고 한번 상상해 보렴. 그러면 어떻게 될 것 같니? 이렇게 생각해 볼까? 만일 집에 벽이 없다면? 그렇지. 무너지겠지.

우리의 몸도 마찬가지란다. 뼈가 없으면 몸은 완전히 말랑말랑해

져서 금방 쓰러지고 말 거야. 뼈는 몸을 지탱해 줄 뿐만 아니라 우리 몸의 중요한 부위들을 지켜 주기도 한단다. 직접 확인해 보렴. 머리를 손으로 만져 봐. 머리 전체가 딱딱하지? 두개골의 뼈는 두뇌를 보호해 주는 안전모 역할을 한단다. 흉곽은 심장과 폐를 보호하지. 또 콩팥과 생식기 일부는 골반 안에 있단다.

사실 뼈는 치아 다음으로 인체에서 가장 딱딱한 부위란다. 뼈를 무게가 같은 강철봉과 비교했을 때 뼈가 더 강하다는 사실을 아니? 그렇기 때문에 우리 몸이 이렇게 튼튼할 수 있는 것이란다!

두개골

흉곽

골반

그래도 나무나 계단에서 떨어지지 않도록 조심해야 한다. 뼈는 딱딱하기는 하지만 부러질 수 있거든!

안녕.

-헬스 박사

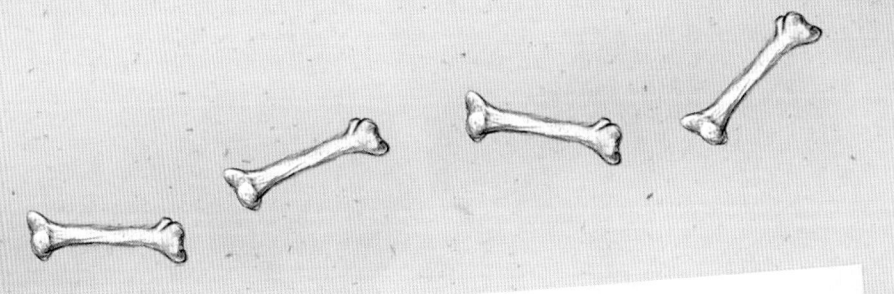

제목: 헬스 박사님께 보내는 질문
날짜: 2006년 9월 8일
수신: 헬스 박사님

안녕하세요, 헬스 박사님.
우리 몸에는 뼈가 몇 개 있고, 뼈는 무엇으로 이루어져 있는지 궁금해요.

- 테오, 10살

안녕 테오.

갓 태어난 아기는 약 350개의 뼈를 가지고 있는데 자라면서 몇몇 뼈들이 서로 합쳐진단다. 그래서 어른에게는 뼈가 206개뿐이란다!
　뼈의 모양과 크기는 여러 가지야. 어떤 것은 두개골처럼 신체 기관을 보호하기 위해 얇고 납작하게 생겼지. 또 어떤 뼈는 팔과 다리 뼈처럼 크게 움직이기 쉽도록 길고 말이야. 팔목이나 발목처럼 짧은 뼈도 있지. 이런 뼈는 몸의 서로 다른 부위를 연결하고 움직이기 편하게 돕는 구실을 하지.
　모든 뼈의 이름을 여기에 다 늘어놓기에는 공간이 부족하구나! 그러니 다음 페이지에 그려 놓은 해골 그림에서 중요한 뼈만 이름을 알려 줄게.

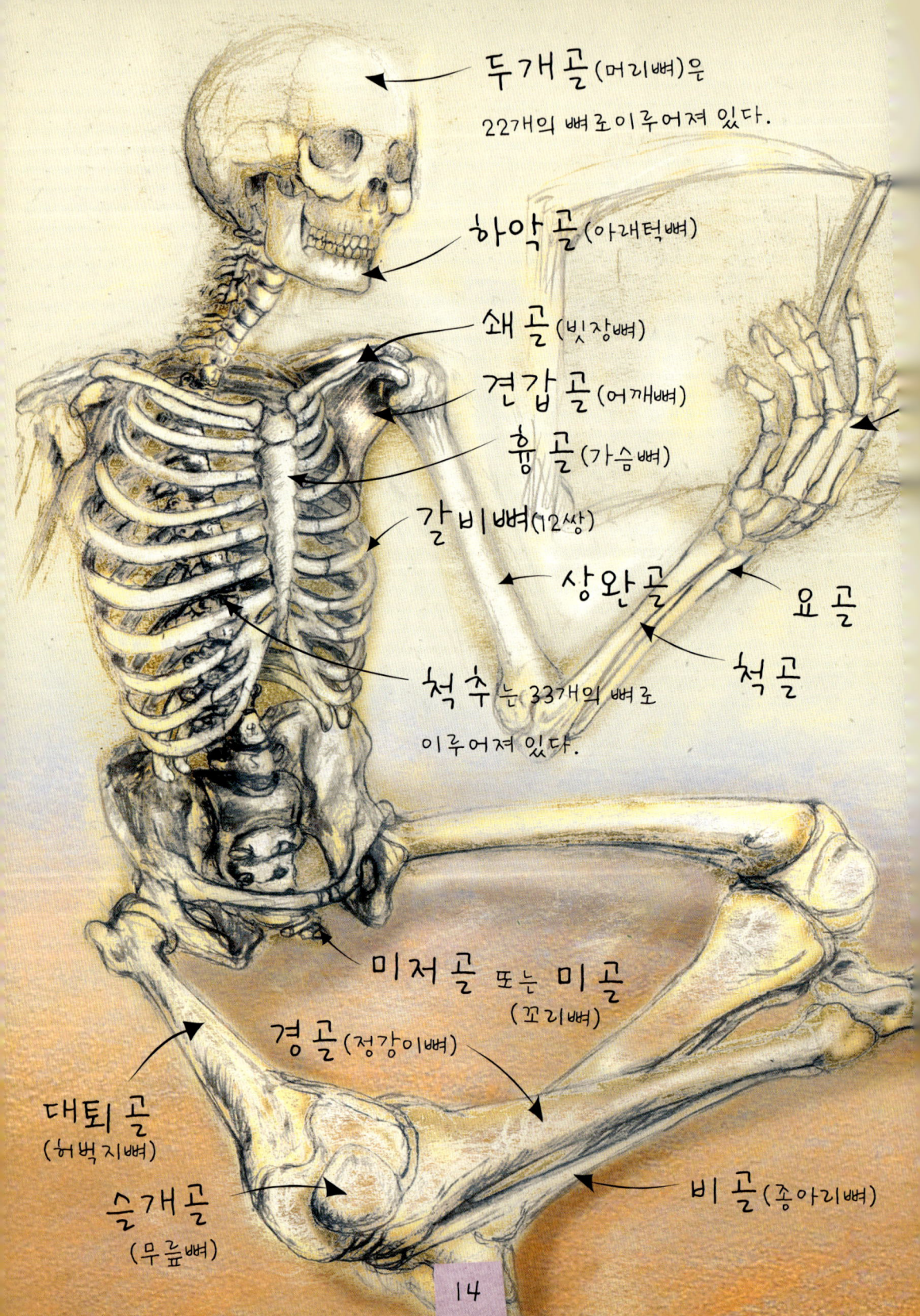

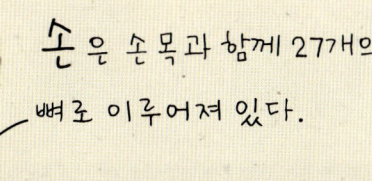

손은 손목과 함께 27개의 뼈로 이루어져 있다.

　우리의 뼈는 세포와 무기물과 콜라겐으로 이루어져 있단다. 무기물, 특히 칼슘과 인은 뼈를 단단하게 만들지. 콜라겐은 뼈를 유연하게 만드는 물질이고 말이야. 뼈의 바깥쪽 세포층은 매우 단단한데 그것을 치밀뼈라고 한단다. 뼈의 내부에는 골수라고 하는 부드럽고 미끈거리는 물질이 있어. 또한 뼈 안에는 혈관과 해면뼈라고 하는 치밀뼈보다 훨씬 덜 딱딱한 물질이 들어 있지.
　대퇴골을 그린 다음 페이지의 그림을 보면 뼈가 어떻게 이루어져 있는지 알 수 있을 거야.

　그럼, 안녕.

　-헬스 박사

발은 26개의 뼈로 이루어져 있다.

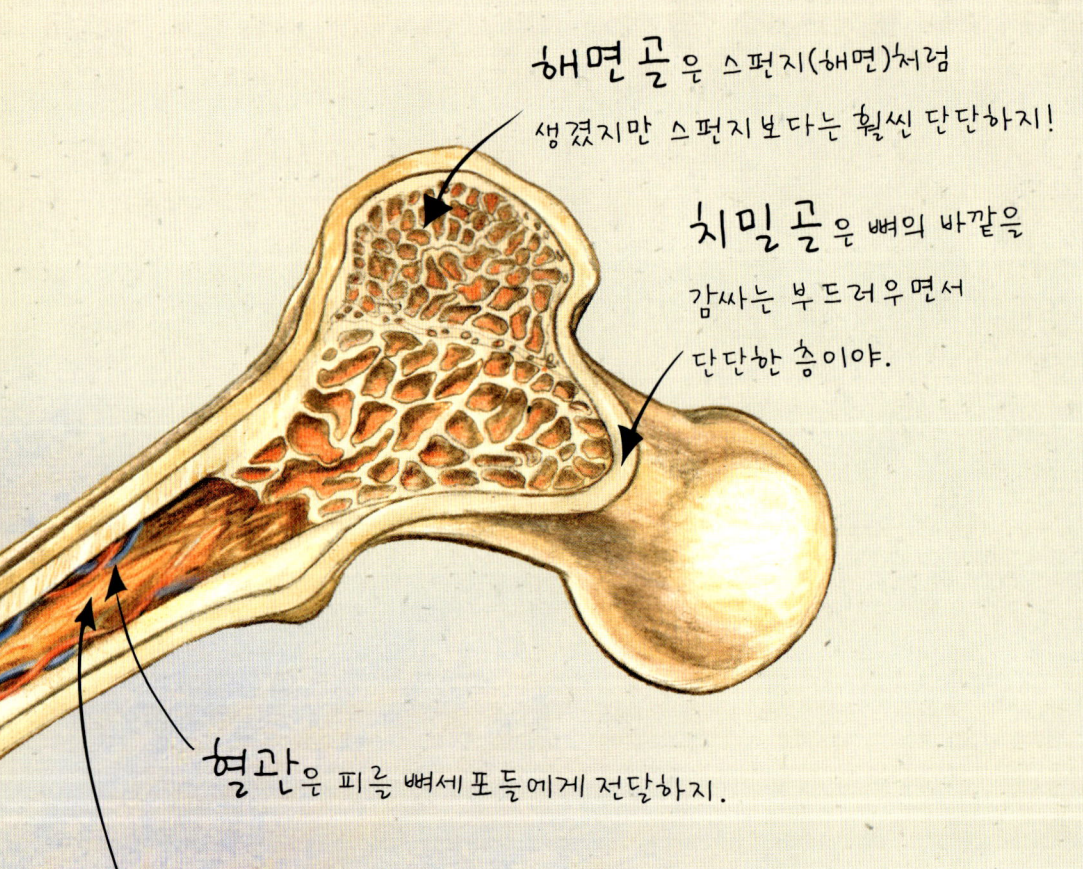

해면 골은 스펀지(해면)처럼 생겼지만 스펀지보다는 훨씬 단단하지!

치밀 골은 뼈의 바깥을 감싸는 부드러우면서 단단한 층이야.

혈관은 피를 뼈세포들에게 전달하지.

어떤 뼈의 골수는 매일 수백만 개의 혈액세포를 만들어. 이 혈액세포는 혈관을 통해 뼈를 빠져나오지.

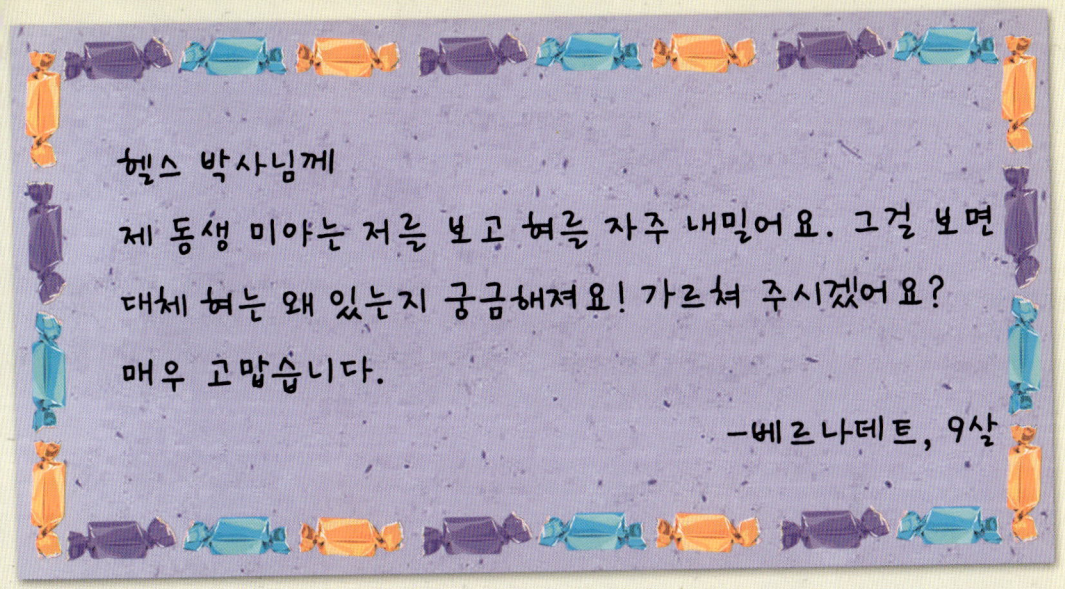

헬스 박사님께
제 동생 미아는 저를 보고 혀를 자주 내밀어요. 그걸 보면 대체 혀는 왜 있는지 궁금해져요! 가르쳐 주시겠어요?
매우 고맙습니다.

―베르나데트, 9살

베르나데트에게

　미아에게 귀여운 원숭이 같다고 얘기해 주렴! 베르나데트의 질문으로 들어가 볼까.
　짐작하겠지만, 혀는 베르나데트가 먹는 음식의 맛을 느끼는 신체 기관이란다. 다음번에 거울을 보면 혀를 내밀어서 혀의 표면을 살펴보렴. 혀가 오돌토돌한 작은 돌기들로 덮여 있는 것을 볼 수 있을 거야. 어떤 돌기에는 '미뢰'라고 하는 세포들이 들어 있단다. 미뢰 덕분에 햄과 초콜릿의 맛의 차이를 느낄 수가 있는 거란다!
　또 혀는 음식을 물러지게 만드는 일도 하지. 치아는 음식을 씹는 한편, 혀는 음식을 치아 아래로 계속 움직여 주어서 음식이 더 잘게 부서지도록 돕는단다. 그야말로 치아와 뼈는 한 팀이지! 음식이 충분히 물러지면 혀는 입천장에 붙어서 코의 입구를 막아 줌으로써 음식을 삼킬 수 있도록 돕지.

혀가 하는 역할이 또 있단다. 먹는 것과는 상관이 없는 거야. 그것이 뭔지 힌트가 될 만한 짧은 이야기를 들려줄게. 여동생과 내가 어릴 적에 할머니께선 우리 혀가 잠시도 쉬지 않는다고 말씀하시곤 했지. 할머니 말씀은 우리가 말이 너무 많다는 뜻이었어! 무슨 말인지 알겠지?

혀는 말을 하는 데 있어 중요한 역할을 한단다. 혀가 없으면 여러 가지 자음과 모음을 발음할 수가 없단다. 베르나데트도 다음에 말을 할 때 주의를 기울여 보렴. 'D(디)'와 'T(티)'를 발음할 때 혀가 치아에 붙는 것을 느낄 수 있을 거야. 'G(지)'를 발음할 때엔 혀가 위로 올라오는 것을 느낄 거야. 그리고 모음을 발음할 때에는 혀는 전혀 움직이지 않지. 흥미롭지 않니?

그럼 잘 있어라.

-헬스 박사

헬스 박사님께

저는 스케이트보드를 무척 좋아해요. 학교에서 집에 오면 바로 보드를 타지요. 그런데 사람의 몸이 어떻게 그렇게 잘 움직일 수가 있는지 궁금해요. 고맙습니다!

— 올리버, 9살

올리버에게

네 몸의 아주 작은 움직임도 근육 때문에 가능한 거란다. 근육은 근섬유를 형성하는 수백만 개의 세포들로 이루어져 있지. 근섬유는 수축하거나 팽팽하게 조여들 수 있어. 근섬유가 수축함으로써 자세를 바르게 하거나 구부릴 수도 있고 숨을 쉬거나 팔을 구부리거나 밥을 먹는 등의 행동들을 할 수 있는 거지.

참, 심장도 매우 튼튼한 근육이란다. 심장은 우리 몸의 세포들에 필요한 피를 몸 구석구석까지 보낼 수 있어야 하거든.

인체에는 모두 640개의 근육이 있단다. 근육들은 대부분 뼈의 관절 부분에 붙어 있지. 관절은 다른 뼈들이 서로 연결된 부위야. 두 가지 예를 들어 보자. 무릎은 경골과 대퇴골을 연결하고, 팔꿈치는 상박골과 척골을 연결하지……. 이 관절들은 매우 중요하단다. 네 몸이 조화롭게 움직이는 것은 바로 이 관절들이 있기 때문에 가능하거든. 무릎이 없다고 한번 상상해 보렴. 아마 다리와 허벅지의 뼈들이 따로 움직이지 못해서 다리를 꼿꼿이 세우고 걸어야 할걸. 무척 힘들 것 같지 않니?

　모든 관절이 같은 방식으로 움직이지는 않아. 팔은 어깨 관절에서 한 바퀴 돌릴 수 있지만 무릎과 팔꿈치는 한 방향으로만 구부러지지.

　관절의 여러 부위들을 한번 살펴보자꾸나. 사람 몸에서 가장 큰 무릎 관절을 그려 보았다.

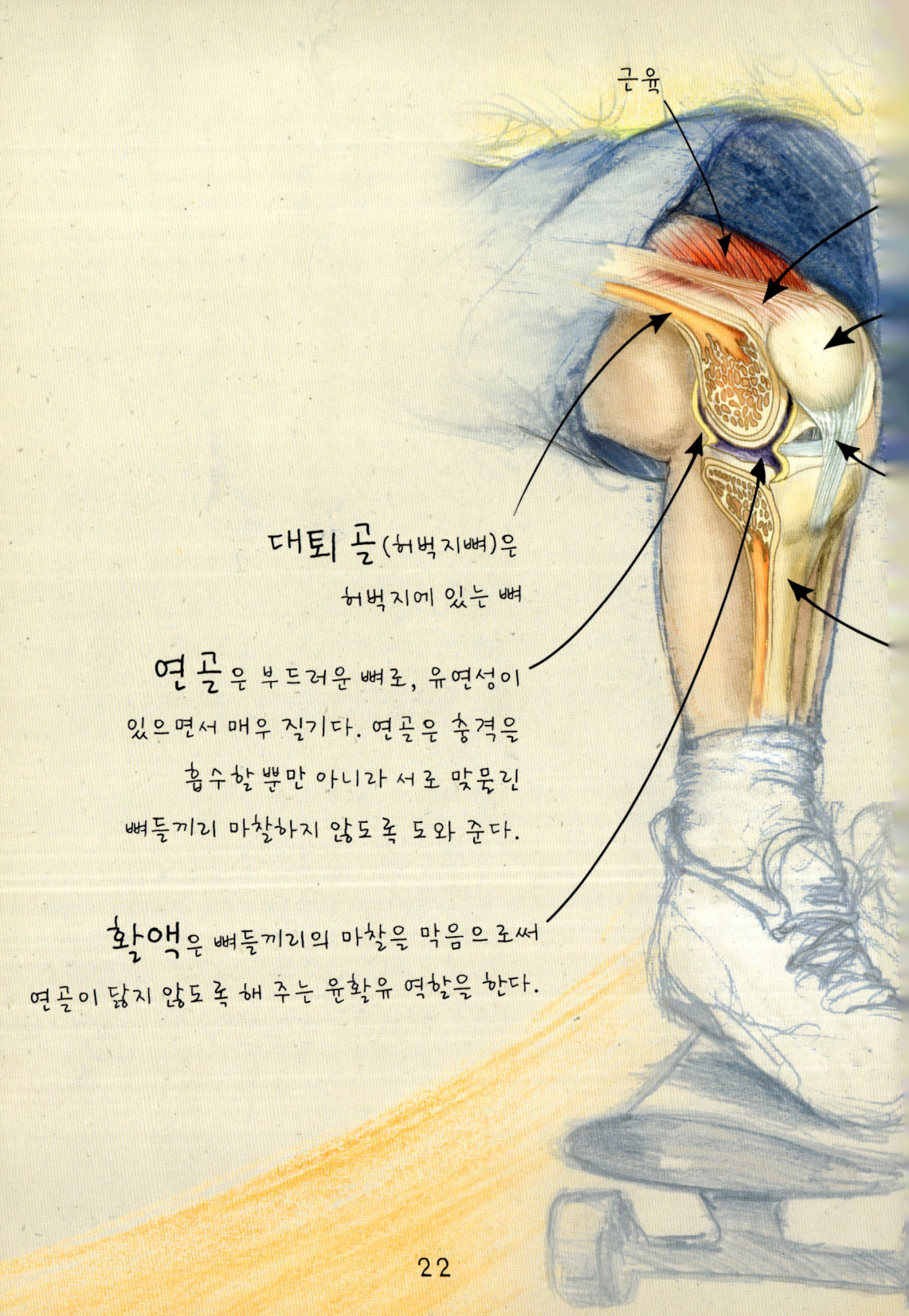

근육

대퇴골(허벅지뼈)은 허벅지에 있는 뼈

연골은 부드러운 뼈로, 유연성이 있으면서 매우 질기다. 연골은 충격을 흡수할 뿐만 아니라 서로 맞물린 뼈들끼리 마찰하지 않도록 도와준다.

활액은 뼈들끼리의 마찰을 막음으로써 연골이 닳지 않도록 해 주는 윤활유 역할을 한다.

건은 근육을 뼈에 이어 주는 매우 튼튼한 짧은 끈이다.

슬개골(무릎뼈)은 움직이는 작은 평평한 뼈이다. 무릎 관절에 힘을 보태 준다.

인대는 뼈와 뼈를 이어 주는 건과 비슷한 짧은 끈이다.

경골(정강이뼈)은 다리 앞쪽에 있는 뼈

자, 이제 올리버가 스케이트보드의 달인이 될 수 있는 것이 관절 덕분이라는 사실을 잘 알겠지!

잘 지내거라.

-헬스 박사

박사님께

심장은 제가 여기에 그린 그림과 전혀 다르게 생겼다고 클레어 언니가 그랬어요. 진짜예요?

— 마리, 7살

마리에게

    나도 마리만 한 나이일 적에 내 심장이 발렌타인 카드에 그려 놓은 하트 모양 같이 생긴 줄 알았단다. 사실 마리의 심장은 네 주먹과 크기와 모양이 비슷하단다. 아주 크지는 않은 거지! 어른의 심장은 세로 10~12cm, 가로 8~9cm, 두께가 6cm 정도란다. 무게는 약 300g으로 포도 한 송이 정도 되지. 심장은 흉곽의 중앙에 위치해 있고 폐가 감싸고 있어. (흉곽이 어디 있는지 알고 싶으면 11페이지를 보렴.) 심장의 윗부분이 오른쪽으로 살짝 기울어져 있어서 심장의 반 이상이 우리 몸의 왼쪽에 자리하고 있단다.

  크기는 작지만 심장은 인체 기관 중에서 가장 활발하게 활동하고 있는 곳이란다. 심장은 1분에 약 70번씩 수축하는데, 다시 말해 조여든다는 거야. 그러니까 심장은 하루에 10만 번 이상 뛴다는 소리지!

  이 심장 박동이 왜 필요한지 아니? 심장 박동은 피를 몸 안 곳

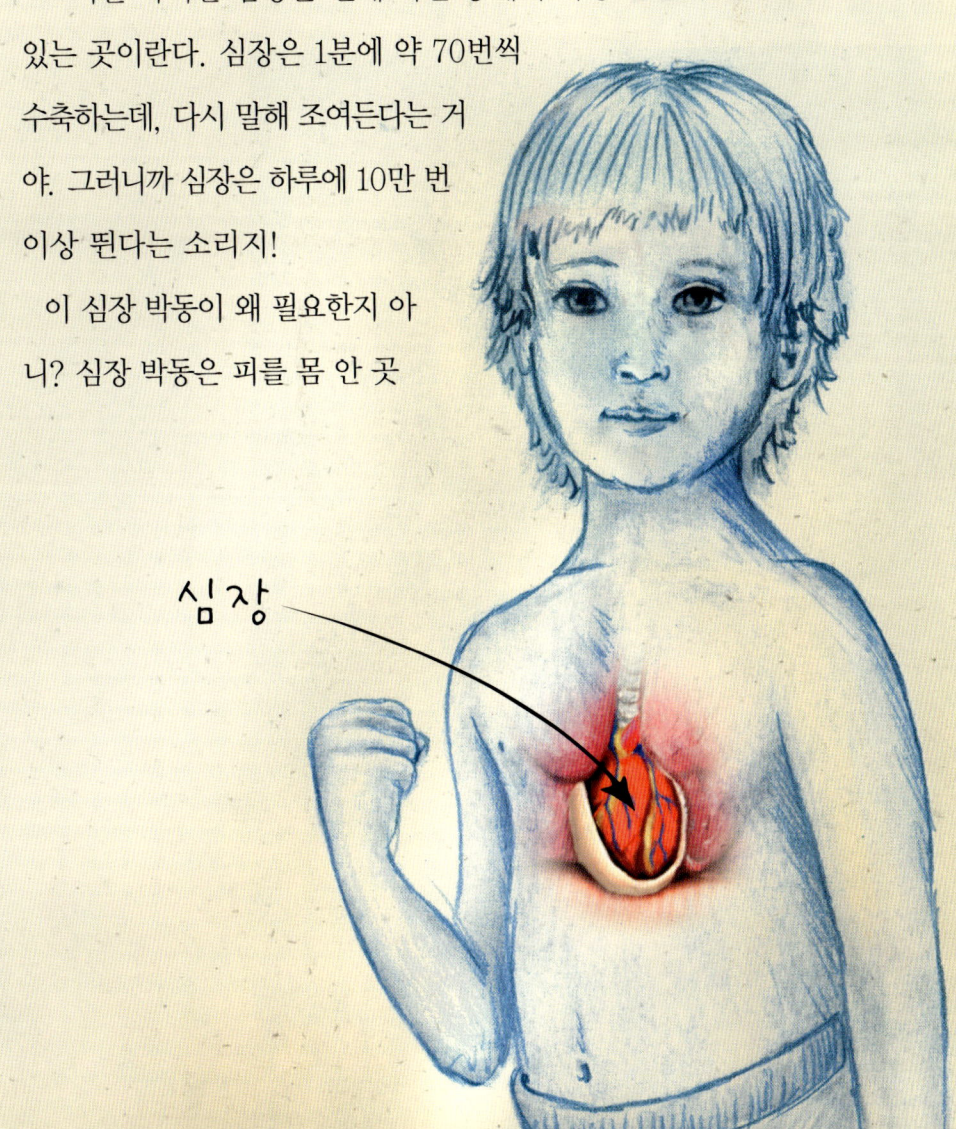

심장

곳으로 밀어 보내는 일을 한단다. 피는 세포에게 꼭 필요한 영양소와 산소를 운반하기 때문에 중요하지. 그렇기 때문에 튼튼한 심장을 유지하는 것이 무척 중요하단다.

　이제 심장이 근육이란 사실을 알았으니, 심장을 최상의 상태로 유지하는 가장 좋은 방법이 무엇일 것 같니? 맞아. 운동이야. 그런데 난 이만 작별 인사를 해야겠구나. 내 친구 이진 스페이스와 매일 하는 빨리 걷기 시합을 할 시간이거든!

　그럼, 안녕.

　-헬스 박사

박사님께
침은 왜 나와요?
답을 주시면 고맙겠습니다!

—찰스, 9살

찰스에게

해마다 내 생일이 되면 내 여동생은 자기만의 비법으로 디저트를 만들어 준단다. 안에는 초콜릿이 녹아 있고 위에는 휘핑크림과 코코아 가루를 얹은 케이크를 상상해 보렴. 정말 맛있단다! 이 먹음직스런 케이크는 생각만 해도 입 안에 군침이 도는구나! '입 안에 군침이 돈다'는 말은 뭔가를 매우 먹고 싶다는 뜻이지. 어떤 음식이 무척 먹고 싶어지면 평소보다 입 안에 침이 더 많이 나오기 때문에 생긴 말이란다.

침은 여러 가지 중요한 역할을 하지. 우선, 침은 음식을 먹는 데 없어서는 안 된단다. 침에는 소화 활동을 시작하도록 돕는 효소가 들어 있어. 이 소화 효소는 음식을 소화하기 좋은 물렁한 상태로 만드는 일을 돕는 화학 물질이란다. 둘째, 침은 혀의 돌기가 음식 맛을 느끼도록 도와 주지. 혀의 돌기 기억나니? 앞에서 베르나데트에게 설명한 적이 있지. 돌기는 음식이 액체 상태일 때에만 맛을 알아차릴 수가 있는데, 침은 음식이 액체 상태가 되도록 도와 주지.

 한편 침은 다른 역할들도 한단다. 목과 치아와 입천장, 그리고 뺨 안쪽을 촉촉하게 만들어 줌으로써 말을 하기 편하도록 도와 주지.

그럼, 다음에 또 만나자.

-헬스 박사

안녕하세요, 박사님!

지하철에서 아무 글자도 없는 책을 읽는 사람을 봤어요. 엄마는 그 사람이 앞을 못 보는 사람인데 손으로 만져서 글을 읽는 거래요. 그 아저씨가 어떻게 그걸 할 수 있는지 설명해 주시겠어요? 고맙습니다.

— 헬레나, 7살

헬레나에게

헬레나의 어머니 말씀이 맞단다. 그 사람도 헬레나와 나처럼 글을 읽을 수가 있어. 단지 점자라고 하는, 우리가 읽는 것과는 다른 종류의 글을 읽는 것일 뿐이야. 점자는 종이 위에 올록볼록하게 올라온 작은 점들로 이루어진 글자란다. 앞을 보지 못하는 사람들은 이 볼록한 점들을 손으로 만져 가면서 글자와 숫자를 읽는단다.

점자로 'peach(복숭아)'를 써 보면 다음과 같단다. (작은 검은 점들이 올록볼록하게 올라온 점들이라고 생각해 봐. 그러면 앞을 보지 못하는 사람이 손가락 끝에 어떤 것을 느낄지 이해할 수 있을 거야.)

　점자는 루이 브라유(Louis Braille, 1809~1852)라고 하는 프랑스 사람이 만들었어. 브라유 자신도 세 살 때부터 앞을 보지 못했다는 거 아니? 브라유가 1824년에 이 정교한 글자 체계를 완성했을 때 그의 나이는 겨우 열다섯 살에 불과했단다! 똑똑한 청년이었지…….

　우리도 앞을 보지 못하는 사람들처럼 이 볼록한 작은 점들을 느낄 수가 있단다. 우리의 피부는 감촉에 매우 민감하거든. 가벼운 접촉, 세게 미는 힘, 떨림, 통증, 쾌적한 온도나 견디기 힘들 정도로 너무 덥거나 낮은 온도……, 이 모든 감촉의 정보는 뇌로 향하지. 뇌는 이

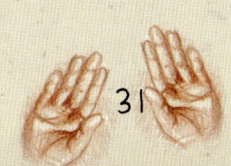

정보를 분석해서 신체가 반응하도록 명령을 내린단다(뜨거운 물체에서 손을 뗀다거나, 춥지 않게 스웨터를 입는 것, 혹은 점자를 이해하는 것도 여기에 해당되지).

헬레나, 이걸 알아야 한다. 사람들이 시력을 잃게 되면 소리와 감촉과 느낌과 맛을 더 잘 깨닫는 경우가 많단다. 그래서 차가 다가오는 것이나 누군가가 자세를 바꾸는 것이나 가스레인지 위에 음식이 타는 것을 앞을 볼 수 있는 사람만큼이나 재빨리 알아차릴 수가 있단다!

그럼 안녕.

-헬스 박사

안녕하세요, 헬스 박사님.

우리가 어떻게 사물을 볼 수 있는지 가르쳐 주시겠어요? 눈으로 본다는 것은 알지만 눈이 어떻게 그런 일을 하는 거예요?

— 토니, 11살

토니에게

우리의 눈은 사실 세상을 향해 나 있는 창이란다. 이 놀라운 작은 기관들은 형태와 색과 움직임을 인식하지. 이상하게 들릴지 모르겠지만, 토니가 눈으로 보는 것은 실제로는 사물에 반사된 빛이란다. 반사된 빛은 사물에 부딪혀 튕겨 나오는 광선이야. 공이 벽에 맞고 튕겨 나오는 것과 비슷하지. 뇌가 이 빛을 분석하게 되면 사물의 모양을 인식할 수 있는 거지. 내가 그림 사전에서 찾은 뒤 페이지 그림을 한번 봐라. 눈을 구성하고 있는 여러 부위들을 볼 수 있단다.

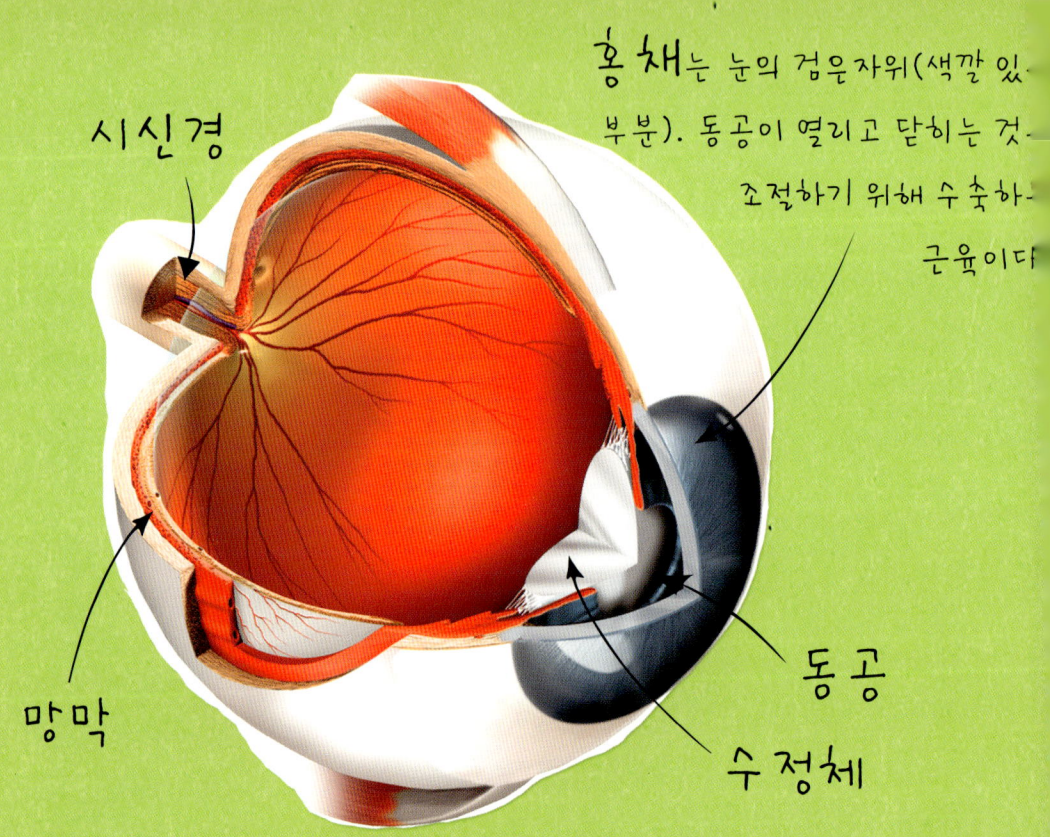

홍채는 눈의 검은자위(색깔 있는 부분). 동공이 열리고 닫히는 것을 조절하기 위해 수축하는 근육이다.

시신경

망막

동공

수정체

사물에 반사된 빛은 각막에 걸리지. 각막은 얇고 투명한 세포층으로 홍채와 동공 바로 앞에 있어. 각막의 모양이 동그랗기 때문에 빛을 눈 안으로 모아 주게 돼. 빛은 동공을 통과해서 수정체에 닿지. 수정체는 작은 돋보기 같은 거라고 생각하면 돼. 수정체는 그것을 둘러싼 작은 근육들을 이용해 스스로를 조절해서 망막에 사물의 상을 거꾸로 비춘단다. 망막은 간상세포*와 원추세포**라고 하는 두 종류의 세포들로 싸여 있어. 간상세포는 희미한 빛에 반응을 해서 검은

색과 흰색과 여러 가지 회색들을 인식하지. 원추세포는 밝은 빛에 반응하고 다양한 색들을 인식해. 이 세포들이 빛을 신호로 바꾼단다. 신호는 시신경을 따라서 뇌에 이르지. 이젠 뇌가 움직일 차례구나! 뇌는 신호를 분석해서 신호를 사물의 상으로 바꾼단다. 사물의 원래 위치와 색깔과 입체적 모양을 되살려 놓지. 신기하지?

눈은 사물을 보는 능력만이 아니라, 놀람, 소스라침, 두려움과 같은 우리의 감정을 나타내기도 한단다. 그래서 우리가 눈을 마음의 거울이라고 하지 않겠니!

-헬스 박사

간상세포*   눈의 망막에 있는 막대 모양의 세포. 명암(밝고 어두움)을 느끼는 작용을 한다.

원추세포**   눈의 망막에 있는 원뿔 모양의 세포. 밝은 빛에서 작용하고 색깔을 구분한다. 원추세포에 이상이 생기면 빨강, 녹색, 파랑 중 하나나 그 이상의 색깔을 느끼지 못하는 색맹이 나타나게 된다.

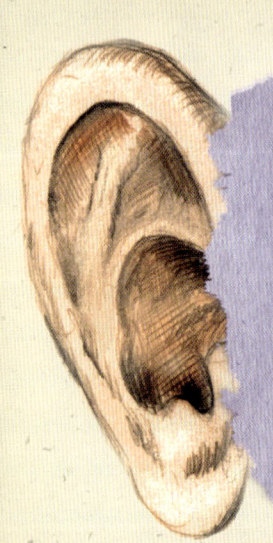

> 박사님께
> 왜 우리는 한 개의 큰 귀 대신 두 개의 귀를 가지고 있어요?
> 고맙습니다!
>
> —제인, 10살

제인에게

아주 흥미로운 발견이구나! 또 아니? 머리에 큰 귀 하나를 갖고 있어도 잘 써먹을 수 있을지. 하지만 모자를 쓸 때는 물론이거니와 그다지 실용적이진 않을 거란 생각이 드는구나. 농담은 이쯤 하고.

사실 귀가 두 개 있는 것이 매우 유용하단다, 제인. 왜 그런지 설명해 줄게. 우리의 귀는 약 15cm 정도 떨어져 있어서 두 귀가 소리를 받아들이는 시각이 약간 차이가 있단다. 이 차이로 인해서 뇌는 소리가 어디에서 오는지, 그리고 얼마나 먼 거리에서 왔는지를 정확하게 판단하지. 그래서 주위에 있는 위험을 보다 쉽게 피할 수도 있고 말이야.

　예를 들어 볼게. 제인도 도로를 건너기 전에 좌우를 살피지? 또 무슨 일이 벌어지고 있는지 소리도 들을 거야. 눈으로 보지 않아도 차가 왼쪽에서 다가오고 있다는 사실을 어떻게 알 수 있을까? 간단하지! 차의 엔진이 부르릉 하는 소리를 왼쪽 귀가 오른쪽 귀보다 아주 약간 먼저 듣기 때문이야. 먼저 들을 뿐만 아니라 소리를 조금 더 크게 듣기도 하지. 이 작은 정보의 차이들이 모두 모여서 소리가 나는 곳을 뇌가 정확하게 찾아 낼 수가 있는 거란다.
　이제 이것들을 다 알았는데, 그래도 귀가 하나만 있었으면 하고 생각하니?

-친구 헬스 박사

박사님께

이가 왜 빠지는지 알고 싶은데요,
설명해 주시겠어요?

-줄리언, 7살

줄리언에게

줄리언의 사진을 보니, 요 근래에 젖니 몇 개가 빠졌구나! 웃는 것이 무척 귀여운걸! 그건 그렇고 질문으로 돌아가 볼까?

어린아이에게는 20개의 젖니가 있단다. 이 작은 치아들은 약 여섯 살 때부터 빠지기 시작해. 이가 빠져서 구멍이 숭숭 나 있다면, 그건 더 큰 치아들이 나려고 그러는 거란다. 사실 큰 치아들이 젖니들을 밀어 내는 것이지! 이 새 치아는 평생 간직하게 되는 이란다. 어른의 치아는 앞으로 수십 년간 음식을 씹을 수 있어야 해. 그러니 무척 튼튼해야겠지.

　이는 우리 몸에서 가장 단단한 물질인 법랑질로 싸여 있단다. 치아는 단단하긴 하지만 아주 세심하게 돌봐 줘야 해. 따라서 밥을 먹고 난 다음에는 항상 이를 닦는 것이 무척 중요하단다. 그것이 오래도록 건강하게 사는 길이지.

　뒤 페이지 그림을 보면 이가 어떤 구조로 되어 있는지 알 수 있단다.

치관은 치아의 보이는 부위이며, 법랑질로 싸여 있다.

잇몸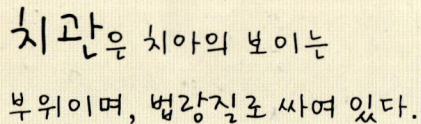

치경부는 치아뿌리와 치관 사이의 부위

치아뿌리는 치관 아래로 나와 있다.

턱뼈

(빨간색과 파란색) 혈관들은 치아 세포들에게 필요한 영양분을 전달하는 피를 운반한다.

(노란색) 신경은 (따뜻함과 추위 같은) 정보를 전달한다.

박사님께

제 동생 루드밀라는 저에게 눈 주위에 털이 왜 있느냐고 늘 묻는데요, 동생에게 어떻게 설명해야 할지 모르겠어요. 박사님께서 가르쳐 주시겠어요?

안녕히 계세요.

— 엘리노, 9살

엘리노와 루드밀라에게

눈은 소중한 것이란다. 눈이 있기에 아름다운 풍경을 감상할 수 있고, 바지의 색깔을 고를 수 있고, 또 그림책도 볼 수가 있지. 눈은 또한 매우 민감한 것이기도 해서, 주변 환경으로부터 오는 작은 자극들로부터 보호되어야 한단다.

사람의 몸에는 효과적인 보호 수단이 갖춰져 있는데, 속눈썹과 겉눈썹 같은 눈 주위의 털이 그런 보호 수단이지. 속눈썹은 먼지 알갱이들이 눈에 닿기 전에 걸러 낸단다. 동시에 태양의 해로운 자외선을 걸러 주기도 하지. 겉눈썹은 이마의 땀이 눈으로 들어가는 것을 막아 주지. 또 땀이 날 때 눈을 따갑게 하는 공기와 땀 속의 불순물을 걷눈

썹이 거두어들인단다. 눈썹과 함께 눈물도 눈의 보호막 역할을 하지. 눈꺼풀 뒤쪽, 눈 바로 위에 있는 눈물샘은 눈물을 계속 만들어 낸단

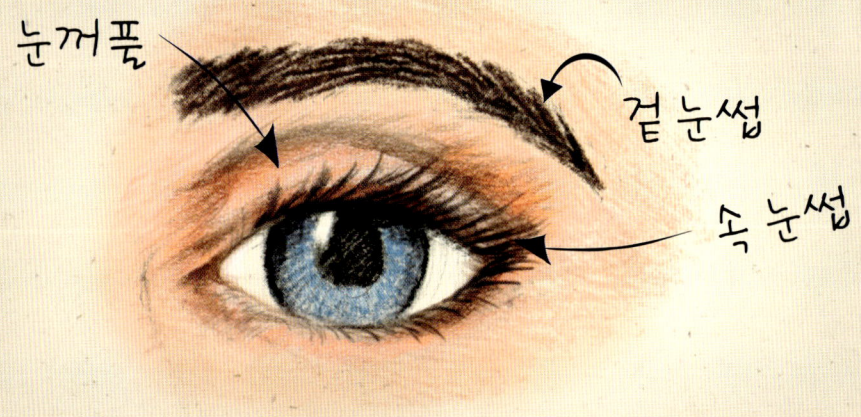

다. 눈물은 그 속의 특별한 성분 덕분에 눈의 표면을 청소하고 세균을 죽이지. 눈꺼풀은 눈의 표면에서 눈물이 퍼지게 만들고 말이야. 마치 차의 와이퍼처럼 말이지!

　우리의 눈이 1분에 보통 3~4번 깜빡인다는 사실 아니? 다음 페이지에 내가 적어 놓은 재밌는 계산을 따라가 보면 놀라운 결론에 도달할 수 있을 게다.

-헬스 박사

    하룻밤에 10시간을 잔다고 가정하자. 즉 14시간 동안은 깨어 있다는 얘기가 되지.

    1분당 눈을 4번 깜빡인다면, 14시간(=840분) 동안에는 3360번 깜빡이겠지. 눈을 한 번 깜빡이는 데 걸리는 시간은 1초의 3분의 1 정도기 때문에 3360번 깜빡일 때 걸리는 시간은 1120초가 되는 셈이지.

    1120초 = 18분 40초

    따라서 깨어 있는 동안에도 하루에 18분 40초 동안은 눈을 감고 있단 뜻이지!

안녕하세요,
헬스 박사님!
왜 발에서는 냄새가 나요?

—마티나, 8살

마티나에게

대체로 발에서 땀이 오랫동안 많이 나면 고약한 냄새가 나게 되지. 겨드랑이 냄새도 마찬가지야. 그런데 땀이 뭔지 아니? 땀이 나는 것은 몸이 열을 받았을 때 식혀 주는 과정이란다.

몸은 제대로 활동하기 위해서 무슨 방법을 써서든 체온을 37도로 유지해야 하지. 그렇기 때문에 겨울에는 몸을 따뜻하게 하기 위해 옷을 껴입어야 하는 거야. 반면 몸이 너무 더우면 체온을 낮춰 줘야겠지. 땀을 내는 것이 그 방법이란다. 땀은 피부의 땀구멍을 통해 밖으로 나가게 되지. 땀이 마르면 몸이 상쾌해지는 것을 느끼게 된단다.

땀 자체는 냄새가 없지만 우리 피부에는 박테리아라고 하는 미생물들이 수없이 많이 살고 있어서, 땀으로 세균 및 배설물을 몸 밖으로 나가게 해 주지. 이 배설물이 많을 경우 좋지 않은 냄새를 풍기는 경우도 있단다.

왜 발바닥과 겨드랑이가 다른 곳보다 냄새가 심한지 아니? 박테리아가 막힌 데를 좋아하거든. (겨드랑이나 신발 속의 발처럼). 이런 곳이 박테리아가 많이 사는 곳이기 때문에 냄새도 더 심한 거란다.
　마티나에게서 나는 땀 냄새가 마티나와 주위 사람들의 코에 닿지 않게 하려면 거르지 않고 씻기만 하면 돼. 박테리아가 싫어하는 게 하나 있다면 바로 비누거든! 비누는 박테리아가 땀을 만나기 전에 먼저 박테리아를 죽여 버린단다!

－헬스 박사

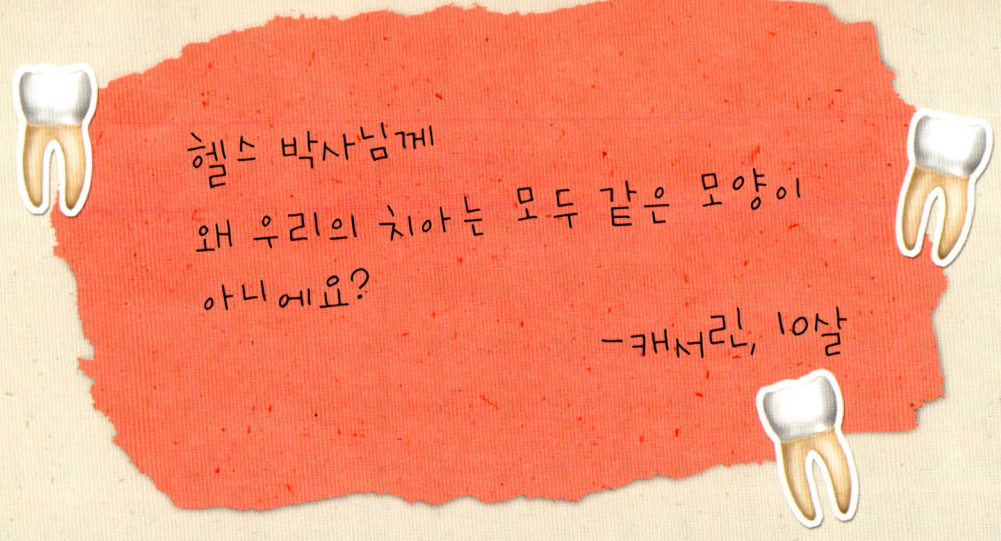

헬스 박사님께
왜 우리의 치아는 모두 같은 모양이
아니에요?

—캐서린, 10살

캐서린에게

　우리의 치아는 소화를 시작하는 데 꼭 필요한 작은 도구들이란다. 치아는 음식이 위에 닿기 전에 음식을 자르고 잘게 찢고 갈아서 물렁하게 만들지. 치아 하나하나는 음식을 물렁하게 만드는 데 있어 각각의 위치에 꼭 맞는 역할이 있단다. 옆 페이지에 우리 동네 치과에서 가져온 그림을 붙여 놨어. 서로 다른 모양의 치아와 각각의 특성을 잘 보여 주고 있지.

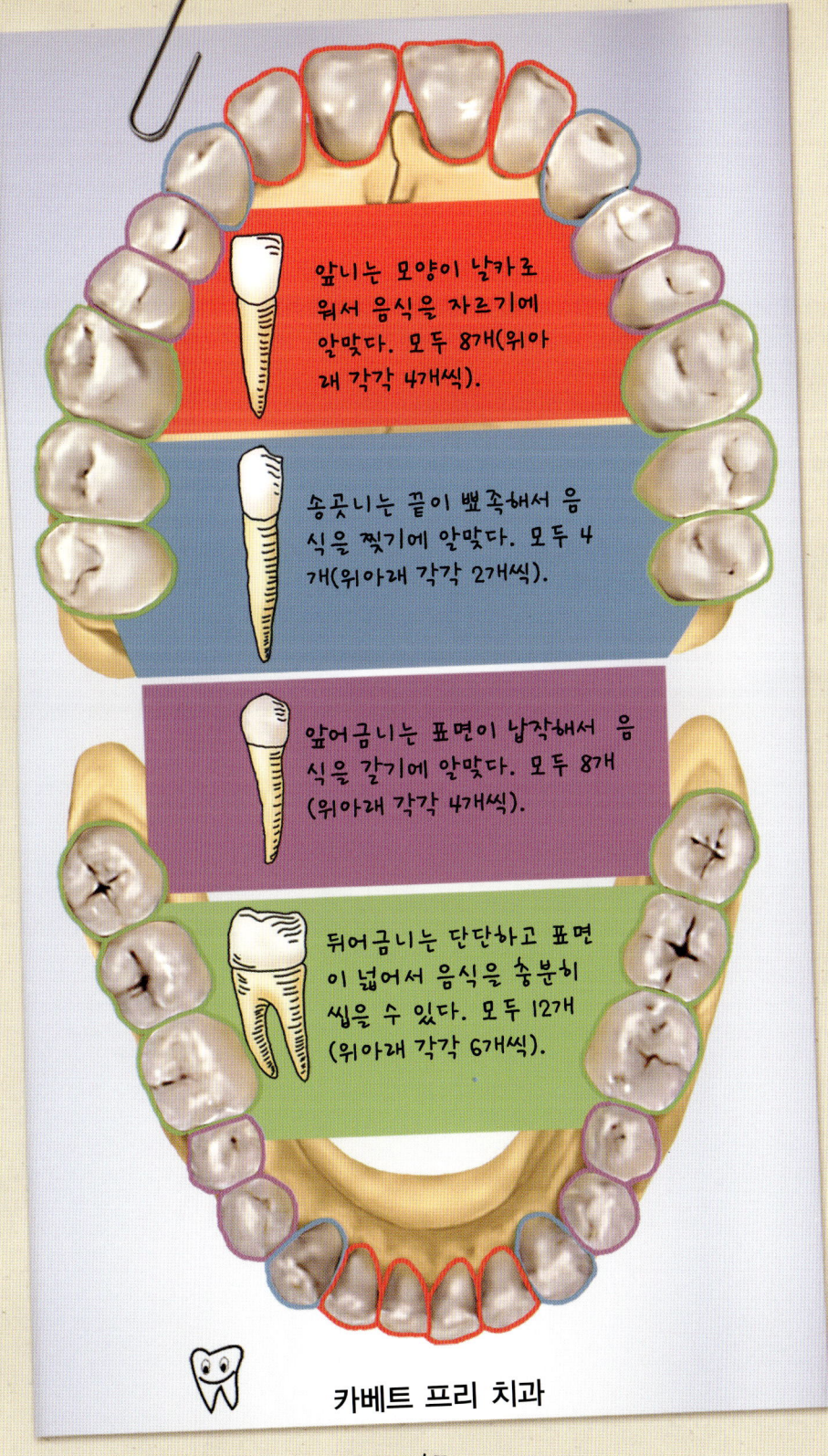

치아가 모두 32개란 걸 알겠니? 그래, 잘했다! 이것이 영구치(젖니가 빠지고 나는 이)란다. 아직 20개의 젖니를 가지고 있는 아이들은 어른과 같은 종류의 치아를 가지고 있고 다만 어금니가 없을 뿐이란다.

잘 있으렴.

-헬스 박사

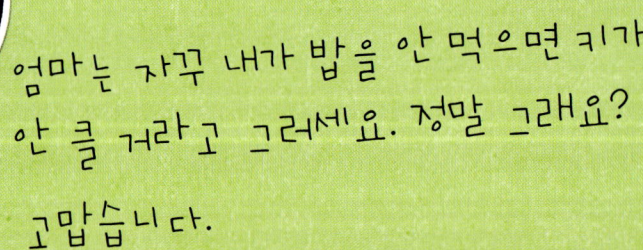

엄마는 자꾸 내가 밥을 안 먹으면 키가 안 클 거라고 그러세요. 정말 그래요? 고맙습니다.

-휴고, 8살

휴고에게

키가 자라려면 너의 몸이 많은 일을 겪어야 한단다! 사람이 태어날 때 키는 50cm, 몸무게는 3~4kg 정도지. 앞으로 갈 길이 한참 남았다는 얘기지! 그래서 태어난 후의 시간이 중요한 거야. 아기가 스물한 살이 될 즈음에는 어른의 체격이 되어야 하니까.

이 성장기 동안 뇌가 발달하고 심장과 다른 신체 기관들도 함께 자란단다. 젖니가 났다가 빠져서 영구치가 다시 나지. 뼈는 더 길어지고 더 단단해지고 말이야. 그 후 열두 살 때쯤 사춘기가 찾아오지. 이 때 아이의 몸에서 어른의 몸이 된단다. 여자아이들은 가슴이 생기고 체모가 자라고 목소리가 변하지. 이 모든 변화는 당연히 많은 에너지를 필요로 하겠지.

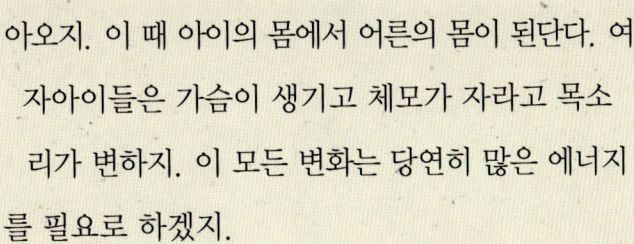

그러니까 어머니 말씀 잘 들어야 한다, 휴고야. 어머니께서 휴고에게 밥을 먹으라고 하시는 건 맞는 말씀이야. 음식은 휴고가 키가 크는 데 필요한 것을 주니까.

5살: 108cm

4살: 102cm

2살: 86cm

8살: 126cm

예를 들어 유제품에 든 칼슘은 뼈와 치아를 튼튼하게 해 준단다. 생선에 포함된 인은 뇌세포가 자라는 것을 돕고 당근의 비타민 A는 수정체를 보호하고 망막에 영양분을 줌으로써 시력을 좋게 만든단다.

그럼, 안녕.

-헬스 박사

헬스 박사님께
왜 피는 빨간색이에요?
— 로즈, 7살

로즈에게

피 속에는 대개 혈장이 있단다. 혈장은 노르스름한 액체인데 그 속에 많은 세포들이 돌아다니지. 이 세포들은 대부분 붉은 세포(적혈구)들이란다. 그것들이 하는 일은 산소와 영양분(세포에게 필요한 식량)을 몸의 구석구석에 전달하는 일이야. 피가 예쁜 빨간색을 띠는 것은 적혈구들 때문이란다. 이로써 로즈의 질문에도 답이 되겠지!

그리고 피 속에는 적혈구와 함께 혈소판과 흰 혈액세포(백혈구)도 돌아다닌단다. 이것들이 하는 일은 매우 중요하지. 혈소판은 상처를 입었을 때 피가 굳어지거나 딱지가 앉도록 하지. 이 작은 '마개'가 방패 역할을 하기 때문에 몸이 지나

치게 많은 피를 흘리지 않을 수 있는 거란다. 백혈구는 감염의 원인이 되는 바이러스와 박테리아를 공격함으로써 몸을 보호한단다. 그렇기 때문에 피는 무척 중요하지. 몸에 영양분을 전달할 뿐만 아니라 몸을 지켜 주니까.

　그럼 잘 지내거라.

　-헬스 박사

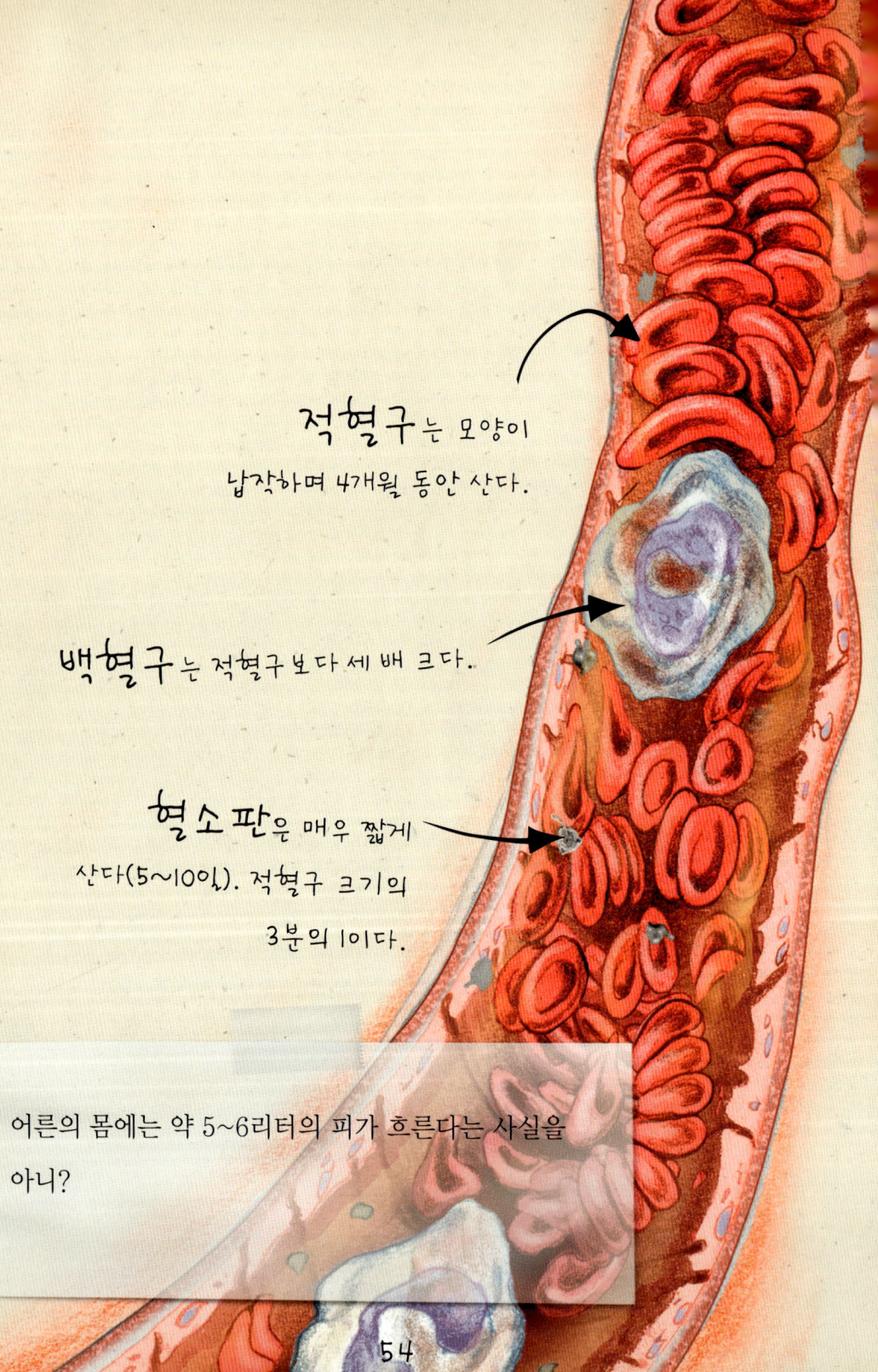

적혈구는 모양이 납작하며 4개월 동안 산다.

백혈구는 적혈구보다 세 배 크다.

혈소판은 매우 짧게 산다(5~10일). 적혈구 크기의 3분의 1이다.

어른의 몸에는 약 5~6리터의 피가 흐른다는 사실을 아니?

> 헬스 박사님께
> 엄마가 제 손톱을 깎아 주실 때
> 왜 아프지 않을까요?
> 고맙습니다.
>   —모드, 7살

모드에게

　어머니께서 모드의 손톱을 자주 깎아 주신다니 다행이구나. 그렇지 않으면 모드의 손톱이 너무 길어져서 연필을 잡을 수도 없을 테니 말이야!

　손톱은 평생에 걸쳐 한 달에 평균 0.5cm씩 자란다는 거 알고 있니? 여름에는 겨울보다 더 빨리 자란단다! 손톱은 단단하고 질긴 세포들로 이루어진 딱딱한 판이지. 손톱의 뿌리 부분에는 세포들이 계속 분열하면서 오래된 세포들을 위로 밀어 낸단다. 이 움직이는 세포들은 각질이라고 하는 딱딱한 물질로 채워진 다음 죽는단다. 어머니께서

약손가락(무명지)

모드의 손톱을 깎아 주실 때 아프지 않다면, 그건 죽은 세포로 이루어진 부분을 잘라 내시기 때문이야. 죽은 세포를 없애는 것은 아프지가 않거든!

  그런데 손톱이 왜 있는지 궁금하지 않니, 모드? 그 답을 찾으려면 아주 오래전으로 거슬러 올라가야 하지. 몇백만 년 전 우리 조상들은 동물의 발톱처럼 날카롭게 굽은 손톱을 가지고 있었단다. 이 손톱으로 흙을 파고, 싸우고, 식량을 찢었지. 세월이 흐르면서 인간은 도구를 발명했고, 그래서 이런 날카로운 손톱이 전처럼 필요하지 않게 되었지. 그래서 아주 서서히 지금 우리가 가진 손톱으로 진화하게 된 거란다.

새끼손가락 (계지, 소지)

  그런데 잠깐! 손톱은 지금도 아주 유용하게 사용되고 있어. 손톱이 있어서 작은 일들도 아주 정확하게 할 수 있거든.

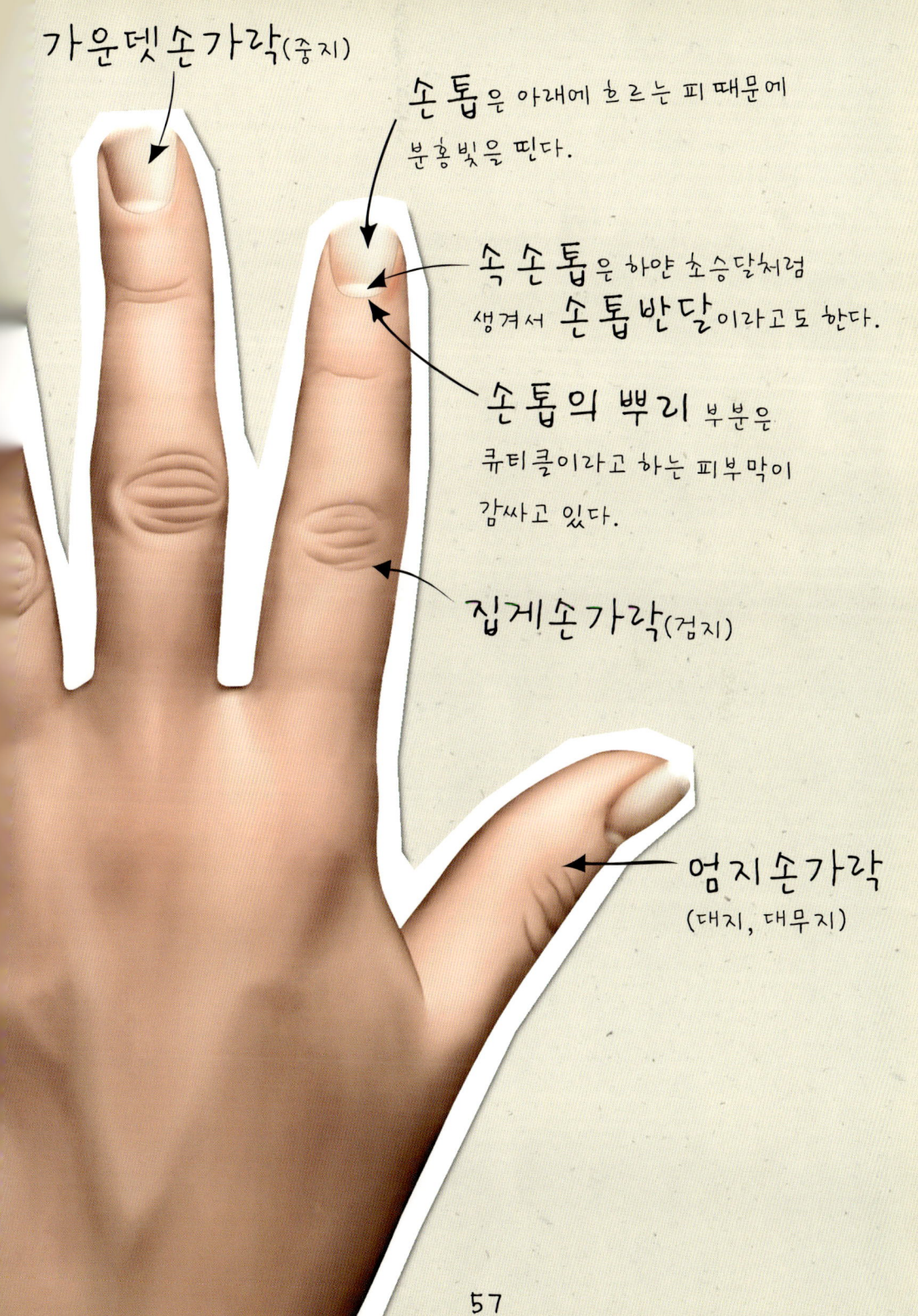

다음에 신발을 벗을 때 잘 살펴보렴. 손톱 덕분에 신발끈을 풀 수 있다는 사실을 발견하게 될 테니까.

잘 있어라.

–헬스 박사

우리 몸에 관한 정보

–손톱은 발톱보다 빨리 자란다.
–집게손가락의 손톱이 가장 빨리 자란다.
–새끼손가락의 손톱이 가장 천천히 자란다.

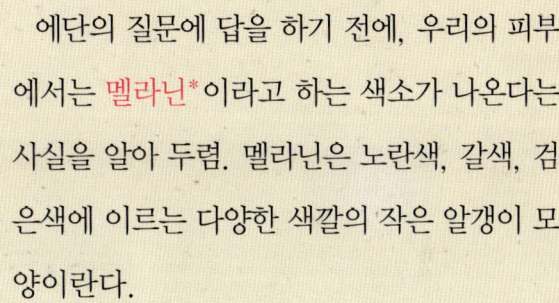

헬스 박사님!
제 친구 줄리언은 피부가 검은데
제 피부는 검지 않아요. 왜 그렇죠?
고맙습니다.
— 에단, 8살

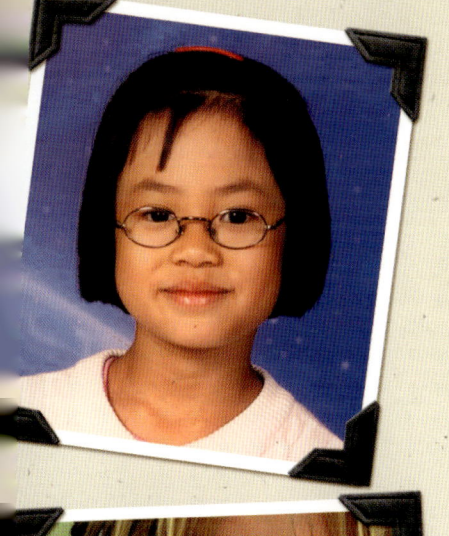

에단의 질문에 답을 하기 전에, 우리의 피부에서는 멜라닌* 이라고 하는 색소가 나온다는 사실을 알아 두렴. 멜라닌은 노란색, 갈색, 검은색에 이르는 다양한 색깔의 작은 알갱이 모양이란다.

사람마다 멜라닌의 양과 색깔에 차이가 있지. 그렇기 때문에 우리 지구에는 이토록 다양한 색깔의 멋진 얼굴들이 많은 거란다!

멜라닌(melanin)* 동물의 조직에 있는 검은색이나 흑갈색의 색소. 양에 따라 피부나 머리카락, 망막의 색깔이 결정된다.

친구 줄리언이 에단과 다른 것은 줄리언의 피부에서는 에단의 피부에서보다 많은 멜라닌이 만들어지기 때문이야. 무척 간단하지! 멜라닌은 피부의 색깔을 만들 뿐 아니라 피부를 보호해 주기도 한다는 사실, 알고 있니? 멜라닌은 피부세포를 태양의 해로운 자외선으로부터 보호해 준단다.

한 가지 더 있어. 피부가 햇빛에 노출되는 여름에는 피부세포가 멜라닌을 더 많이 만들어 냄으로써 스스로를 보호한단다. 그것이 바로 햇볕에 그을린다고 하는 거야. 피부색이 짙을수록(즉, 피부세포에 멜라닌이 더 많을수록) 햇빛으로부터 더 많이 보호받지. 피부색이 밝을수록(즉, 피부세포가 멜라닌을 적게 만들수록) 햇빛으로부터 그만큼 보호를 덜 받게 되고.

하지만 피부를 보호하는 데에 멜라닌만으로는 충분하지 않단다. 그러니 올 여름에 바깥에 나가거든 자외선 차단 크림을 꼭 바르도록 하렴!

내 설명이 도움이 되었으면 좋겠구나. 그리고 줄리언에게도 안부 전해 주렴.

－헬스 박사

제목: 흰머리
날짜: 2006년 8월 10일
수신: 헬스 박사님

저희 할아버지, 할머니는 원래 머리카락이 갈색이었는데 지금은 온통 하얘요. 왜 나이 드신 분들은 머리카락이 하얗게 변하는 거예요?

고맙습니다, 박사님!

- 저스틴, 9살

저스틴에게

검은 머리, 갈색 머리, 금발, 빨강 머리…… 머리색은 놀라울 정도로 다양하지. 피부색을 만드는 바로 그 물질(멜라닌)이 이렇게 다양한 머리카락의 색도 만든단다. 피부색에 대해서는 앞에서 에단에게 설명했지. 머리카락의 색도 멜라닌의 양과 색에 의해 결정된단다. 몇 년 전 내 머리카락은 옅은 갈색이었지. 그런데 그 후로 저스틴의 할아버지, 할머니처럼 조금씩 흰머리가 나기 시작하더니 이제 온통 흰머리가 뒤덮고 있단다.

우리의 머리카락이 어떻게 색깔을 바꾸는지 알고 싶지? 설명해 줄게. 머리카락은 모낭*이 만들어. 모낭은 두피에 심어져 있는 세포들이 모여 있는 곳인데, 이 모낭의 일부 세포들이 멜라닌을 만든단다. 머리카락을 이루는 다른 세포들은 멜라닌을 흡수하지. 시간이 지나면서 오랫동안 일해 온 이 세포들은 닳고 지치기 시작하겠지. 전보다 멜라닌을 덜 만들게 되고 머리카락은 색깔을 잃어 가게 돼. 그래서 더 이상 멜라닌이 남지 않으면 머리카락이 저스틴의 할아버지, 할머니의 머리카락처럼 하얗게 변하게 되는 거란다.

그럼 안녕.

- '나이 든' 친구, 헬스 박사로부터

모낭(털주머니)* 내피 안에서 모근(毛根)을 싸고 털의 영양을 관할하는 주머니

안녕하세요, 박사님.

저는 수업 시간에 딸꾹질을 자주 해요. 딸꾹질 소리가 너무 커서 정말 창피하답니다! 딸꾹질을 빨리 멈추는 방법 좀 가르쳐 주시겠어요? 그리고 왜 딸꾹질을 하는지도 알고 싶어요. 고맙습니다.

—루크, 10살

루크에게

 수업 시간에 딸꾹질하는 것이 당황스러우리라 충분히 짐작이 되는구나. 나도 나오는 딸꾹질은 어쩌지 못한단다. 갑자기 찾아오는 딸꾹질 때문에 친구들이 놀리기도 할 것 같은데, 내 말이 맞니?
 자, 그럼 루크가 딸꾹질을 빨리 멈출 수 있는 방법을 세 가지 가르쳐 주마(실제로 가끔 효과가 있단다). 이 방법들은 우리 할머니께서 가르쳐 주신 거란다.

- 가능한 한 오랫동안 숨을 멈춘다(하지만 연달아 세 번 이상 하지 말 것).
- 큰 컵에 찬물을 따라 숨을 쉬지 않고 한 번에 마신다.
- 몸을 앞으로 구부린 채 물을 큰 컵으로 한 잔 마신다.

그런데 딸꾹질은 왜 나는 걸까? 어린아이부터 나이 지긋한 어른에 이르기까지 딸꾹질 때문에 고생해 보지 않은 사람은 없단다. 물론 심각한 현상은 아니니까 걱정하지 않아도 돼. 그냥 좀 피곤할 뿐이지! 물을 많이 마시고 난 다음이나, 음식을 너무 많이 먹거나 너무 빨리 먹었을 때 보통 딸꾹질이 생기지. 그런 때는 위가 횡격막을 간지럽힐 정도로 불어나거든. 횡격막은 폐와 위 사이에 있는 큰 근육인데, 숨을 쉴 때 아주 중요한 역할을 하지. 횡격막이 수축하면 폐에 공기가 꽉 차게 되고, 횡격막이 느슨해지면 공기가 빠져나가거든.

하지만 위가 횡격막을 간질이면 이 큰 근육이 제멋대로 수축했다가 느슨해진단다. 이 때 공기가 폐에서 갑자기 빠져나와 기관과 후두와 인두를 통과하게 되지. (호흡기의 각 부위는 67쪽에 그린 그림을 참고하렴.) 공기가 기관에서 후두로 갈 때 성대라고 하는 두 개의 섬세한 근육을 떨게 만든단다. 이 떨림이 '흑' 하고 딸꾹질을 일으키지. 사람은 보통 딸꾹질을 1분에 2~60회 정도 하는 거 아니?

안녕.

-헬스 박사

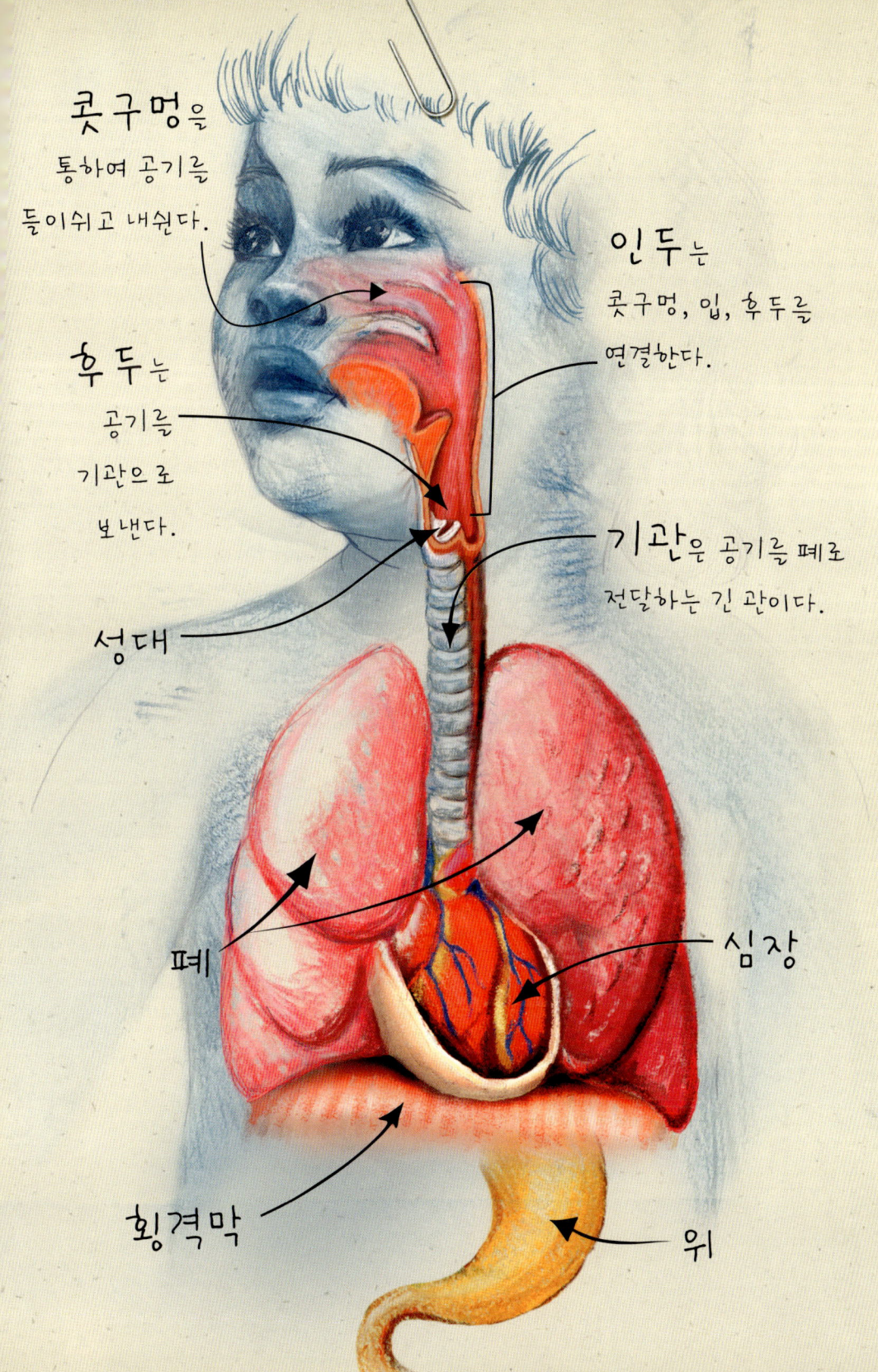

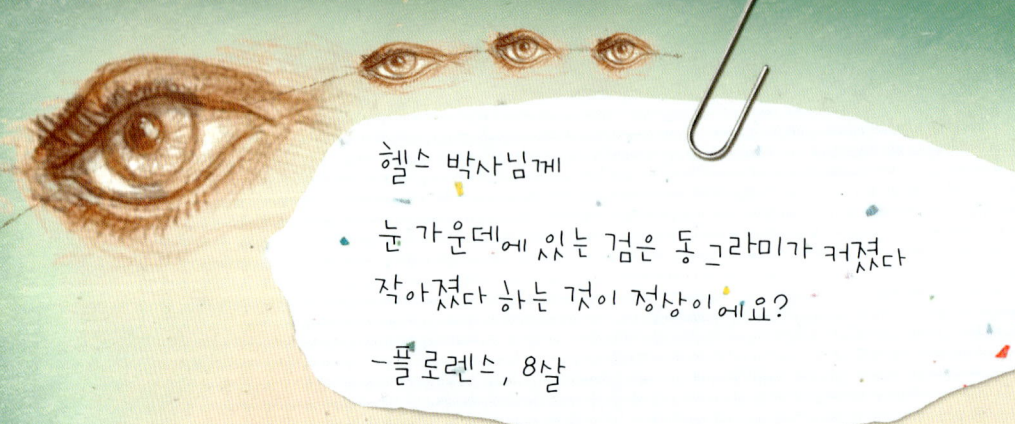

헬스 박사님께

눈 가운데에 있는 검은 동그라미가 커졌다 작아졌다 하는 것이 정상이에요?

―플로렌스, 8살

플로렌스에게

플로렌스의 눈이 정상인 것만은 확실하단다! 사실 눈의 '검은 동그라미'의 크기가 바뀌지 않는다면 정말 걱정거리일 거야! 이 동그라미를 동공(눈동자)이라고 한단다. 동공은 빛이 눈에 들어갈 때 통하는 입구란다.

작은 실험을 하나 해 볼까. 손전등을 가지고 오렴……. 가져왔니? 좋아. 그럼 욕실 거울 앞에 선 다음 불을 끄거라. 이제 손전등을 켜고 거울 속에서 동공의 크기를 보렴. 크지? 그 다음, 욕실의 불을 켠 뒤 다시 동공을 보아라. 줄어들었지!

토니에게도 설명했지만, 이렇게 동공이 변함으로써 우리의 눈이 사물에 반사하는 빛을 붙잡아 물체를 볼 수 있는 거란다. 어둠 속에서 사물을 볼 수 없는 것도 그 때문이지! 캄캄한 곳에는 빛이 거의 없으니까. 그럴 때엔 눈이 스스로 적응해야 하는데, 동공을 크게 벌려서 가능한 한 많은 빛을 붙잡는 것이지. 반면 밝은 곳에서는 눈이 멀지 않기 위해 동공을 닫게 된단다. 참 영리하지?

　동공이 이런 운동을 할 수 있는 것은 홍채 때문이란다. 눈의 검은 자위(색깔 있는 부분) 말이야. 홍채는 하나의 근육이란다. 이 근육이 수축하면 동공이 열리고, 근육이 느슨해지면 동공의 크기가 줄어드는 것이지.

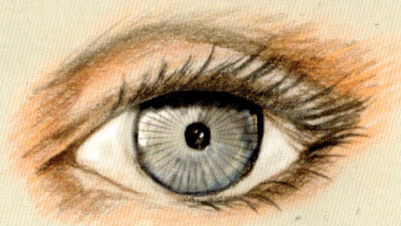 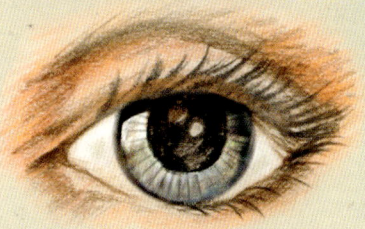

밝은 곳에서의 동공　　　　　어두운 곳에서의 동공

-헬스 박사

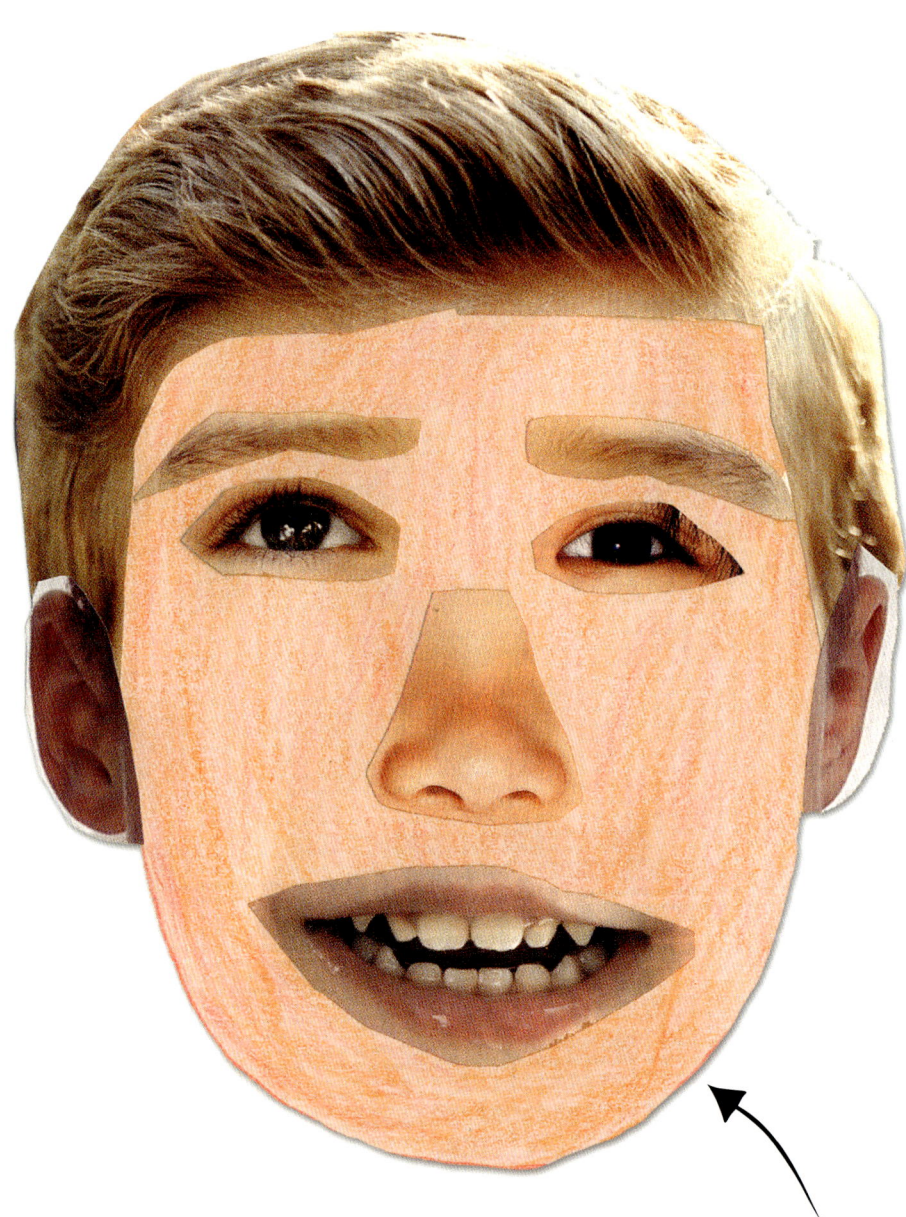

이 질문을 보고 떠오른 거란다! 여러 잡지에서 눈, 코, 귀를 오려서 하나의 얼굴을 만들었지. 재밌지 않니?

힐스 박사님께

아버지의 누나이신 사브리나 고모는 제가 어머니의 들창코와 아버지의 옅은 갈색 눈을 쏙 빼닮았다고 자주 말씀하세요. 어떻게 그게 가능하죠?
고맙습니다.

— 그레이엄, 9살

그레이엄에게

우리 할머니는 요리를 아주 잘하셨단다. 할머니께서 차려 주시는 음식은 늘 진수성찬이었어. 할머니께서 음식을 만드실 때 큰 요리책을 보시곤 했던 게 생각나는구나. 할머니께선 음식을 잘 만들려면 요리책의 지시를 그대로 따라야 한다고 말씀하셨지. 요리와 그레이엄의 질문이 무슨 상관이 있느냐고? 걱정 말거라. 설명해 줄 테니까.

그레이엄, 네가 태어나기 위해서 부모님이 가지고 계신 두 개의 특별한 세포들이 만나서 서로 합쳐졌단다. 남자가 만드는 정자*와 여자가 만드는 난자**라고 하는 것이지. 우리 몸의 모든 세포들처럼 난

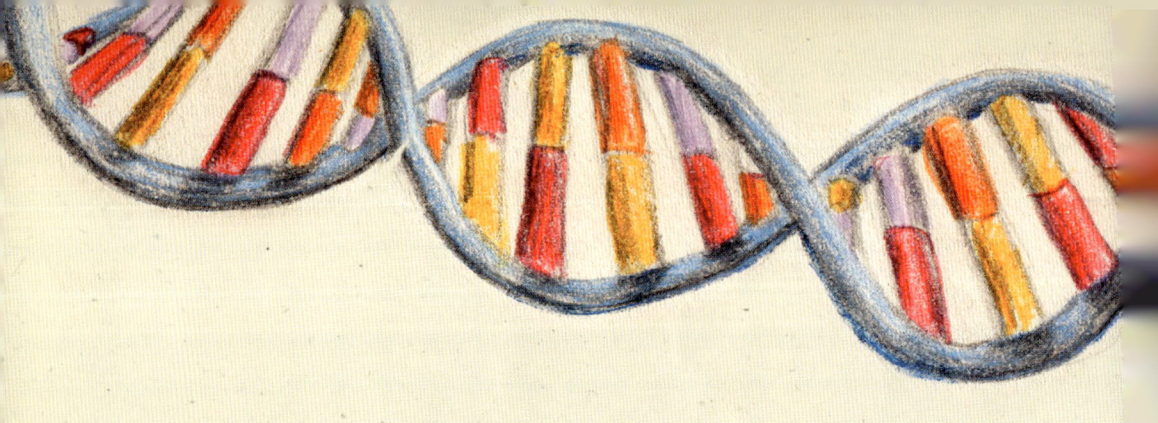

 자와 정자에는 각각의 사람들을 만드는 암호가 들어 있단다. 이 암호를 DNA(디옥시리보핵산)라고 한단다.

 말하자면, DNA는 나의 할머니께서 보셨던 큰 요리책과 같은 것이지. 그 속에는 엄청나게 많은 조리법이 들어 있거든! 각 조리법에는 눈, 피부, 머리카락, 발, 심지어 몸 안의 기관들을 만드는 데 필요한 정보가 들어 있단다. 과학자들은 이 조리법을 유전자[***]라고 부르지.

정자[*] 생물의 수컷에서 생성되는 생식세포. 사람의 경우 머리, 목, 꼬리로 이루어져 있으며 운동성이 뛰어나다.

난자[**] 여성의 생식세포로 여성의 생식 기관인 난소에서 만들어져 나온다. 난자는 정자보다 10만 배나 더 큰데, 그 안은 수정란이 자라는 데 필요한 양분으로 가득 차 있다.

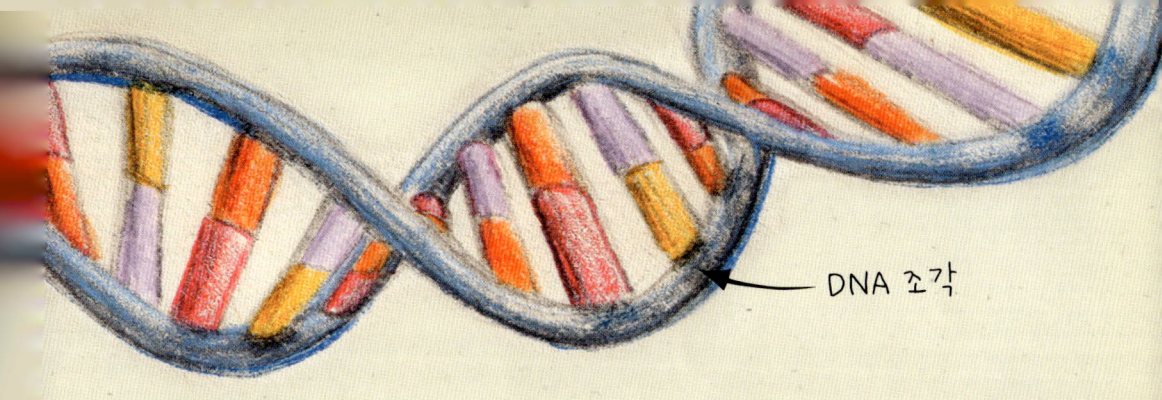

DNA 조각

따라서 그레이엄의 아버지의 정자와 어머니의 난자가 만났을 때 둘의 DNA가(즉, 그 속의 조리법들이) 섞였단다. 그것이 수정란이 되었고, 수정란이 아홉 달 동안 자라서 아기 그레이엄이 된 것이지. 그래서 그레이엄이 어머니, 아버지를 빼닮은 거란다!

-헬스 박사

유전자*** 생물체의 개개의 유전형질을 발현시키는 원인이 되는 인자. 염색체 가운데 일정한 순서로 배열되어, 생식세포를 통하여 어버이로부터 자손에게 유전 정보를 전달한다. 본체는 DNA이다.

헬스 박사님께
왜 방귀를 뀌는지 궁금해요.
학교 숙제거든요. 고맙습니다.
―캐롤라인, 9살

캐롤라인에게

몸에서 냄새나 소리가 나면 어른들은 늘 미소 짓는 반면 아이들은 크게 웃지! 또한 우리는 그럴 때 불편해지기도 하지. 사람들 앞에서 방귀를 뀌면 꽤나 창피하지 않니? 하지만 이 현상은 정말 자연스러운 거란다. 몸에서 나오는 가스는 소화 기관이 정상적으로 작동하고 있다는 표시거든!

이 모든 것은 밥을 먹으면서부터 시작되는 일이지. 음식은 위로 내려가서 걸쭉하게 변하고, 걸쭉해진 음식은 몸 안을 돌아다니기 시작해.

맨 먼저 소장을 통과하지. 소장은 대부분의 음식이 소화되는 곳이야. 남은 음식은 몇 시간 뒤에 대장(과학자들은 결장이라고도 부름)에 도착해. 이 곳에서는 수많은 박테리아가 사이좋게 살고 있단다. 식욕이 어찌나 좋은지! 박테리아들은 소장에서 완전히 소화되지 않은 음식 찌꺼기를 마구 먹어대지. 빵과 유제품과 배추,

무, 브로콜리, 양파, 콩 같은 야채 등을 말이야. 박테리아가 이것들을 먹으면서 가스를 만드는데 이 가스는 대장에 갇힌단다. 대장에 가스가 가득 차게 되면 방귀가 나오는 거지.

보통 가스는 냄새가 없어. 하지만 박테리아가 먹는 음식 찌꺼기가 고약한 냄새가 나는 가스를 만들기도 하지. 그런 방귀가 바로 우리가 두려워하는 방귀지!

잘 있어라.

-헬스 박사

발신: 가브리엘
제목: 지문
날짜: 2006년 7월 30일
수신: 헬스 박사님

이번 여름에 저희 가족은 퀘벡에서 하는 <살인의 해부>라는 전시회를 봤어요. 전시회에서는 단서와 증인들의 말을 분석해서 어떤 여자를 죽인 범인을 찾아야 했지요. 경찰이 하는 일과 연구실에서 일하는 사람들에 대해 많이 배웠는데 정말 흥미로웠어요! 그런데 한 가지, 지문에 대해서는 이해가 잘 안 됐어요.

박사님, 설명해 주시겠어요?

고맙습니다, 박사님!

— 가브리엘, 9살

가브리엘에게

나도 그 전시회를 몬트리올에서 봤단다. 교수인 친구와 함께 가서 봤지. 그 불쌍한 여자를 살해한 범인을 찾는 것이 참 재미있더구나. 참, 가브리엘의 가족은 범인을 찾아냈니? 어쨌든 질문으로 돌아가 볼까……

손가락 끝을 한번 자세히 살펴보렴. 피부에 무늬를 만드는 가는 선들이 보이지? 그것이 지문이란다. 지문은 다 달라서, 다른 사람과 같은 지문은 하나도 없단다!

피부에는 피지라고 하는 기름기 있는 성분을 만드는 세포가 있어. 피부에서 나오는 피지 때문에 우리가 만지는 물건에 지문을 남길 수 있는 거란다.

시험 삼아 한번 해 보렴! 깨끗한 유리컵을 가져다가 유리창 옆에 놓아 보거라. 자세히 들여다봐. 유리컵에 묻은 흔적이 보이니? 이 흔적들은 가브리엘의 손가락에서 나온 지문 자국이란다.

따라서 범행이 발생했을 때 경찰은 이 작은 흔적들을 찾는단다. 그리고 범인을 잡으면 그 사람의 지문을 떠서 컴퓨터 파일에 등록하지. 그런 다음 범행 현장에서 가져온 지문과 컴퓨터 파일에 등록한 지문을 비교하는 거야. 이렇게 해서 경찰은 범인으로 의심되는 사람을 재빨리 찾아 낼 수 있는 거란다!

지문이 하는 일은 그게 다가 아니야. 피부에 가는 결이 나 있기에 물건을 떨어뜨리지 않고 손에 쥐고 있기가 쉽단다. 이 때 땀이 도와 주지. 발이 땅을 짚고 서 있을 수 있도록 돕는 신발 밑창의 바닥과 비슷하다고 할 수 있지.

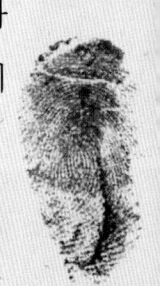

그럼 또 보자꾸나, 가브리엘. 가족에게도 안부 전해 주렴!

-헬스 박사

> 헬스 박사님께
> 우리 머리의 머리카락은 몇 개예요?
> 고맙습니다.
> —밀라, 7살

밀라에게

　머리카락은 셀 수 없을 정도로 많단다! 모든 사람은 10만 개에서 15만 개의 머리카락을 가지고 있지. (물론 대머리인 사람들을 제외하고!) 머리에 가로세로가 약 1cm인 작은 사각형이 있다고 상상해 보렴. 이 사각형 속에는 약 300개의 머리카락이 들어 있단다.
　머리카락은 나이가 들면 빠진단다, 밀라. 실제로 머리카락들은 3~6년 정도 살거든. 그 다음에는 빠지고 새로운 머리카락이 그 자리에 나지.
　앞에서 저스틴에게 설명했듯이 머리카락은 모낭에서 만들어진단다. 모낭이 세포를 만드는 한 머리카락도 계속 자라지. 밀라의 어머니가 밀라의 머리카락을 잘라 주실 때엔 머리카락의 나이 든 부위가 잘려 나가는 거란다. 머리카락이 잘려 나가도 모낭에서는 같은 머리

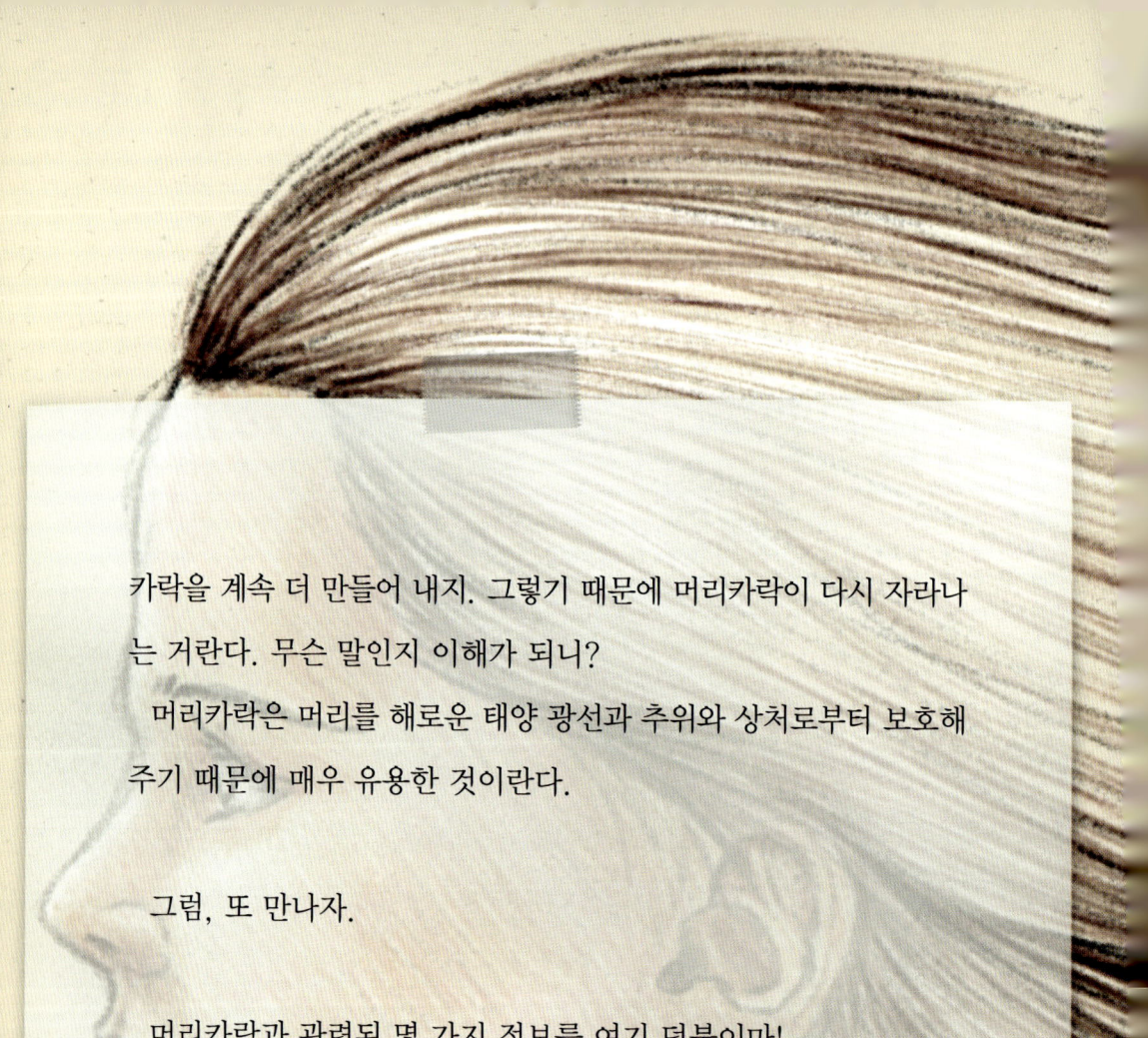

카락을 계속 더 만들어 내지. 그렇기 때문에 머리카락이 다시 자라나는 거란다. 무슨 말인지 이해가 되니?

　머리카락은 머리를 해로운 태양 광선과 추위와 상처로부터 보호해 주기 때문에 매우 유용한 것이란다.

　그럼, 또 만나자.

　머리카락과 관련된 몇 가지 정보를 여기 덧붙이마!

머리카락은 하루에 0.3mm씩 자란다.

평생 동안 평균적으로 300만 개의 머리카락이 자란다.

머리카락이 모두 건강하면 10톤 무게의 물체를 지탱할 수 있다. 이것은 보통 크기의 자동차 10대 무게에 해당된다! 하지만 두개골은 이 무게를 지탱할 정도로 단단하지 않다.

매일 50~100개 정도의 머리카락이 빠진다.

머리의 모낭에서는 매년 약 16km의 머리카락이 자란다.

헬스 박사님께

소변은 뭐예요?

―니콜라스, 8살

니콜라스에게

몸은 늘 일을 하고 있는 수많은 세포들로 이루어진 매우 특별한 기계란다. 기계들이 그렇듯이 몸에서는 제거해야 할 찌꺼기가 나오지. 그것이 소변의 형태로 나오는 거란다.

소변은 대체로 물로 이루어져 있지만, 몸의 세포들에게 필요 없는 여러 가지 다른 물질도 들어 있지. 그 중 하나가 요소란다. 요소는 고기, 계란, 생선과 같은 음식을 먹었을 때 나오는 노폐물이란다. 요소 때문에 소변에서 독특한 냄새가 나는 거 아니?

소변을 만드는 곳은 콩팥이란다. 콩팥은 비뇨 기관의 일부인데, 비뇨 기관은 주로 콩팥과 수뇨관과 방광과 요도로 이루어져 있단다. 옆 페이지에 그려 놓은 그림에서 각 부위들을 찾을 수 있지.

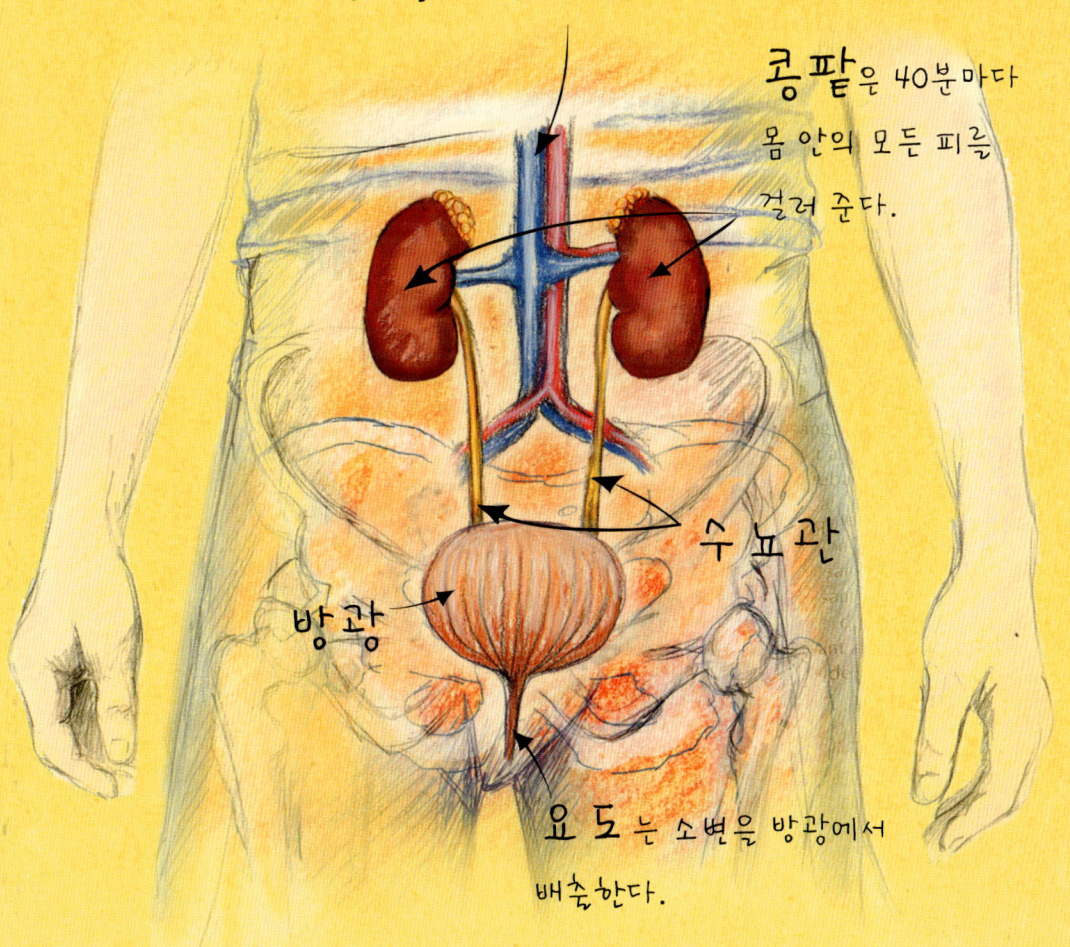

모든 사람에게는 콩팥이 두 개씩 있단다. 이 기관은 큰 강낭콩처럼 생겼지. 어른의 콩팥은 길이가 10cm에 약간 못 미친단다(니콜라스의 콩팥은 조금 더 작지). 각 콩팥에는 피를 걸러 주는 작은 여과기가 수백만 개가 있는데, 피를 여과함으로써 찌꺼기와 필요 없는 물을 없애 준단다.

깨끗하게 걸러진 피는 몸 안을 계속 흐르게 되고 걸러져 나온 찌꺼기들은 소변으로 변한단다. 이 때 소변은 수뇨관을 통과해서 방광으로 들어가게 되지. 방광이 가득 차면 뇌에게 '난 꽉 찼어! 화장실에 갈 시간이야!'라고 신호를 보낸단다. 이 때가 보통 소변을 보고 싶은 때란다.

그럼, 잘 있어라.

—헬스 박사

> 안녕하세요, 박사님.
> 배꼽은 왜 있어요?
> 고맙습니다.
>
> —파멜라, 7살

파멜라에게

　오래전에 부모님과 함께 바닷가로 휴가를 떠났을 때, 여동생과 나는 늘 수중 마스크와 스노클*을 끼고 다녔지. 그것을 끼고 있는 것이 너무 재밌었거든! 물가에서 멀지 않은 곳에서 놀면서 바다 밑을 수놓은 해조류와 바위 근처에서 헤엄치는 예쁜 색깔의 많은 물고기들을 구경했지. 스노클이 있어서 숨을 쉬려고 고개를 물 밖으로 내밀지 않고서도 오랫동안 물 속에 있을 수 있었지. 공기를 입에 전달해 주는 이 작은 튜브는 정말이지 훌륭한 발명품이지!
　내가 이 얘기를 왜 할까 궁금하겠구나……. 조금만 기다리렴! 아기는 어머니의 뱃속에서 자라는 내내 우리처럼 숨도 쉬고 먹기도 해야

스노클*　수면 바로 밑에서 숨을 쉴 수 있게 만든 대롱

한단다. 그런데 아기가 어머니 몸 안에 있기 때문에 어머니는 아기에게 먹을 것을 주지 못하지. 하지만 다행히 아기의 배가 스노클 같은 것으로 어머니의 배와 연결되어 있단다. 이 '스노클'이 바로 '탯줄'이란다. 아기의 생명을 유지하기 위해 이 튜브를 통해 많은 것들이 전달되지. 살기 위해 없어서는 안 되는 산소와 먹을 것이 그 예겠지.

하지만 잠깐! 어머니가 먹는 음식이 이 탯줄을 통해 곧바로 아기에게 전달되는 것은 아니란다. 먼저 소화를 시켜야 하지. (세포에 필요한) 영양소, 비타민, 미네랄과 같은 중요한 요소들만이 탯줄을 통과해 아기에게 전달된단다. 소변과 같은 아기의 배설물 역시 이 튜브를 통해 빠져나오지.

아기가 어머니의 배에서 나오면 입으로 숨을 쉬고 먹을 수가 있단다. 탯줄은 필요 없게 되니까 의사 선생님께서 잘라 내시지. 물론 탯줄을 잘라도 아기는 전혀 아프지 않단다. 탯줄이 잘린 자리에는 작은 흉터가 남는데, 그것이 바로 배꼽이란다.

그러니까 어찌 보면 배꼽은 파멜라가 아홉 달 동안 어머니의 뱃속에 숨어 있을 때 파멜라에게 먹을 것과 숨쉴 공기를 전해 준 스노클의 작은 흔적이라고 볼 수 있지.

그럼, 잘 있어라.

-헬스 박사

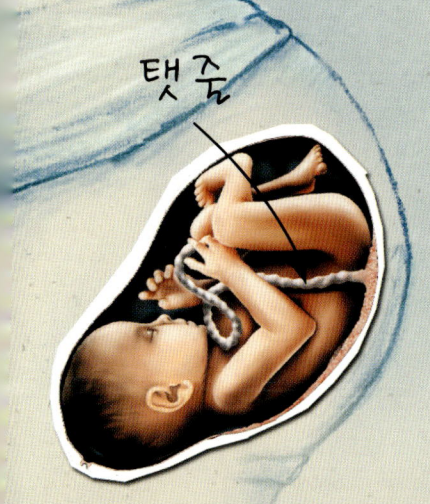

탯줄

박사님께

왜 할머니의 피부는 온통 주름뿐인데 제 피부는 매끄러워요?

— 펠릭스, 8살

펠릭스에게

할머니의 피부가 쭈글쭈글한 것은 정상이란다. 나이가 들면 일어나는 현상이지. 할머니의 피부에 주름이 생기는 원인을 한번 살펴볼까.

피부세포들에서는 피부를 부드럽고 탄력 있게 만드는 물질이 나온단다. 이 물질이 콜라겐과 엘라스틴이지. 이 물질들 덕택에 펠릭스가 웃거나 찡그린 뒤에도 피부가 제자리로 돌아가는 거란다!

나이가 들면 피부세포들은 지쳤다는 표시를 나타내게 돼. 왜냐고? 이 세포들은 오랫동안 쉬지 않고 일했기 때문에 어느 정도 지치는 것이 정상이지. 따라서 세포들은 콜라겐과 엘라스틴을 전보다 적게 만들어 낸단다. 피부는 조금씩 유연성과 탄력을 잃게 되지. 이 때 주름이 생기는 거란다.

특정한 나이가 되어 지친 표시가 나타나는 것은 피부세포만이 아니란다. 약 60세가 되면 근육과 관절도 유연성이 사라지게 되지. 뼈는 약해지고 쉽게 부러질 위험이 높아지지. (앞에서 저스틴에게 설명했듯이) 머리카락은 하얗게 변하고 시력은 약해지지.

하지만 걱정 말아라. 이 모든 것이 갑자기 찾아오지는 않으니까! 그리고 80세가 지나도 여전히 활기차게 사는 사람들이 많단다!

잘 있으렴.

-헬스 박사

> 제 친구 마르코의 아빠는 머리카락이 하나도 없어요. 제 할아버지도 그렇고요.
> 왜 그런 거예요?
> 고맙습니다.
>
> —메건, 9살

메건, 대머리는 특히 남자에게 흔히 있는 일이란다. 보통은 나이가 들어서 생기는 현상이지. 50세나 60세 즈음에는 머리카락을 만드는 세포가 지치기 시작하지. 이 세포들이 만드는 머리카락이 조금씩 줄어들다가 결국에는 세포가 아예 일을 멈추게 된단다. 그래서 할아버지들이 머리카락이 아예 없거나 조금밖에 없는 경우가 많단다.

하지만 때로는 20대나 30대 아저씨들도 대머리가 되기도 하지! 물론 그런 경우는 나이가 들어서 생기는 현상은 아니야. 그렇다면 왜 다른 사람들은 멀쩡한데 나이도 젊은 사람들이 대머리가 될까? 설명해 줄게.

대머리는 호르몬의 작용으로 생기는 현상이란다. 호르몬은 인체가 만드는 화학 물질인데 피 속에 흐르고 있단다. 호르몬은 몸의 각 부위를 찾아가서 여러 가지 일을 하지. 이 호르몬들 중 테스토스테론은 12~18세 사춘기 때 몸에 털이 나도록 만들지. 그런데 특이하게도 이 호르몬은 대머리의 원인이기도 하단다! 사춘기가 끝나면 어떤 사람에게는 테스토스테론이 머리카락의 수명에 영향을 미치는데, 실제로 머리카락 수명이 줄어들게 만든단다. 그래서 머리카락을 만드는 모낭이 차츰차츰 죽어 가지. 모낭이 대부분 혹은 모두 죽게 되면, 대머리가 되는 거란다.

그럼 잘 있어라, 메건.

-헬스 박사

안녕하세요, 박사님!
왜 잠을 잘 때 눈을 감아야 돼요?
-네이선, 7살

네이선에게

축구를 하고, 계단을 오르고, 말하고, 생각하고…… 하루 동안 이 모든 행동을 하기 위해 우리 몸은 많은 에너지를 쓰게 되지! 잠은 네이선의 몸, 특히 근육이 쉴 수 있도록 해 준단다. 이렇게 쉬고 나면 아주 상쾌한 기분으로 다음날을 시작하게 되지!

네이선이 눈을 뜨고 있도록 지탱해 주는 근육도 예외는 아니지. 이 근육이 느슨해지면 눈꺼풀이 눈 위를 덮게 된단다. 그래서 잠을 잘 때는 눈이 감기는 것이지. 또한 눈꺼풀을 감으면 눈이 보호되고 눈이 마르지 않는단다.

하지만 밤에도 쉬지 않고 일하는 근육이 두 가지 있어. 어떤 근육인지 알겠니? 바로 심장과 횡격막이란다(횡격막은 숨을 쉴 수 있게 하는 근육이라고 얘기했지). 이 두 근육은 매우 중요한 일을 하기 때

문에 전혀 쉴 수가 없단다! 그래서 심장은 피가 몸 안을 돌아다니도록 계속 뛰는데 다만 밤에는 조금 더 천천히 뛸 뿐이지. 횡격막도 조금 더 느리게 수축했다 느슨해졌다 하면서 천천히 숨을 쉴 수 있게 해 준단다.

 자, 그럼 다음에 또 만나요, 호기심 많은 꼬마 친구들! 새로운 질문들을 어서 빨리 받아 보고 싶군요…….

 –헬스 박사

찾아보기

DNA 72, 73
감촉 31, 32
겉눈썹 41, 42
골수 15, 16
관절 21, 22, 23, 89
귀 36, 37
근육 20, 22, 23, 26, 34, 65, 69, 89, 92
난자 71, 72, 73
뇌 6, 11, 31, 33, 35, 37, 49, 84
눈 33, 34, 35, 41, 42, 68, 69, 92
눈물 42
돌기 17, 28
동공 34, 68, 69
땀 8, 41, 44, 45, 78
망막 34, 51
머리카락(체모) 9, 62, 63, 79, 80, 81, 89, 90, 91
멜라닌 59, 60, 62, 63
미뢰 17
박테리아 44, 45, 53, 75
방광 83, 84
배꼽 85, 87
백혈구 53, 54
법랑질 39, 40
뼈 10, 11, 12, 13, 14, 15, 16, 21, 22, 23, 49, 89
세포 6, 8, 9, 15, 17, 34, 35, 55, 56, 60, 63, 71, 72, 77, 88, 89, 90
소변 82, 84

속눈썹 41, 42
손톱 55, 56, 57, 58
수뇨관 83, 84
수정체 34, 51
시신경 34, 35
심장 6, 11, 20, 24, 25, 26, 49, 93
요도 83
위 65, 66, 67, 74
유전자 72
적혈구 52, 54
정자 71, 72
젖니 38, 48, 49
지문 76, 77, 78
치아 11, 18, 38, 39, 40, 46, 47, 48, 49, 51
침(타액) 27, 28
콩팥 11, 82, 83, 84
탯줄 86, 87
폐 6, 11, 25, 65, 66
피(혈액) 16, 20, 26, 40, 52, 53, 54, 83, 84
피부 5, 7, 8, 9, 31, 59, 60, 62, 77, 88, 89
피지 9, 77
혀 17, 18
혈소판 52, 54
호르몬 90, 91
홍채 34, 69
횡격막 65, 66, 67, 93
흉곽 11, 25

감사의 글

다음 분들에게 감사의 뜻을 전합니다.

끊임없이 응원해 주고 귀중한 조언을 해 준 마틴 포데스토,

아이들의 질문에 쉽게 답할 수 있도록 도와 준 클레어 드 길봉,

그림들에 대해 훌륭한 조언을 해 준 아누크 노엘과 섬세한 스케치를 그려 준 마누엘라 베르토니와 알랭 르미르,

이 책을 완벽하게 구성할 수 있게 도와 준 조제 노아수, 에밀리 코리보, 다니엘 퀸티,

이 책이 출판될 수 있게 애쓴 오딜 페르피유와 베로니크 로랑제,

내 자료를 정리해서 멋진 사진들을 골라 준 질 베지나,

프랑스어 수정을 맡아 준 클로드 프라피에,

영어 번역을 맡아 준 돈나 벡테리스, 영어 감수를 맡아 준 베로니카 샤미와 조 하워드,

이 책의 과학 지식을 검증해 준 생쥐스틴 UHC 병리학과 학과장 루크 올리그니 박사,

언제나 나를 응원해 주는 캐롤라인 포틴, 프랑소아 포틴, 자크 포틴.

그리고 무엇보다도 질문을 보내 준 모든 호기심 많은 꼬마 독자들에게 깊은 감사를 드립니다. 여러분의 다음 질문들을 손꼽아 기다리고 있습니다! 자, 그럼 또 다른 과학편지를 만들어 볼까요?

-헬스 박사

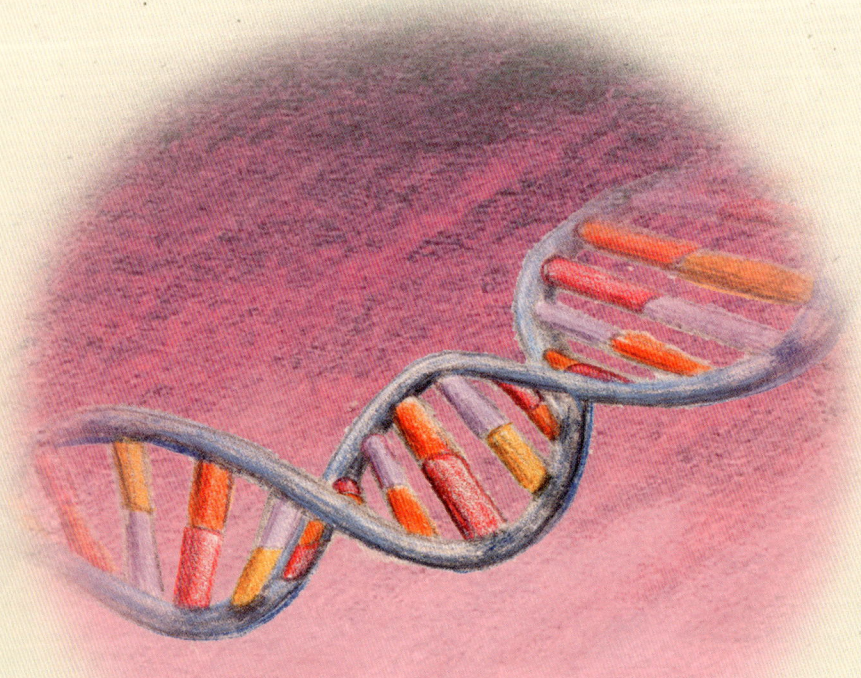

사진 출처

p.6 모래 조각상: 스테파니 그래버트 **p.20** 스케이트보드 타는 어린이: 테드 올리칼라 **p.38** 젖니 난 아이: 마틴 포데스토 **p.59** 동양 소녀: 키엔 탕 **p.59** 백인 소년: 루크 세셀 **p.59** 흑인 소녀: 아니사 톰슨 **p.61** 친구들: 올리비에 드 길봉 **p.62** 할아버지, 할머니: 데일 호건/iStockphoto.com **p.88** 할머니: 글로리아 리 로건/iStockphoto.com **표지**(소녀 사진): 갈리나 바스카야/iStockphoto.com

My Notebook of Questions

The Body

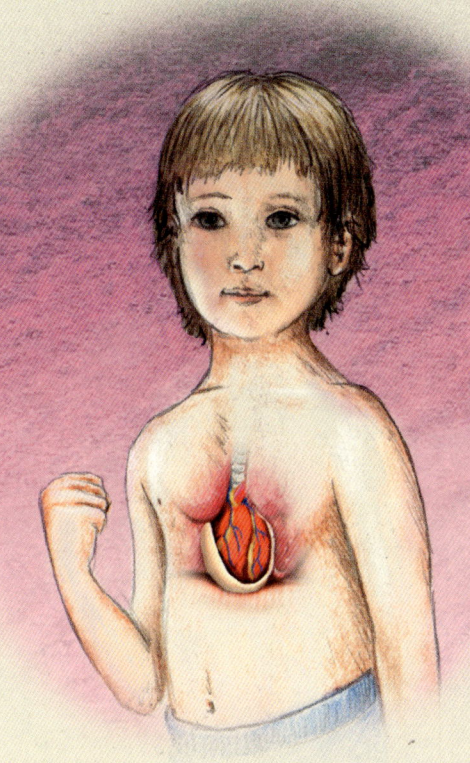

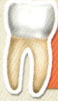 과학동아북스

헬스 박사의 과학편지

몸

2008년 3월 14일 초판 1쇄 인쇄
2008년 3월 20일 초판 1쇄 발행
지은이 QA 과학기획팀
옮긴이 추미옥
감수 김덕희
펴낸이 김두희
주니어사업본부장 이억주
편집책임 정영훈
편집 임순지
디자인팀장 김인규
디자인 박소향 이한철
마케팅센터총괄팀장 이경민
유통사업1팀장 최승욱

유통사업1팀 김재필 김창호 손해몽 변유경
펴낸곳 (주)동아사이언스
등록일 2001년 3월 15일
　　　(제312-2001-000112호)
주소 (120-715)
　　서울시 서대문구 충정로 3가 139번지 동아일보사 3층
전화 (마케팅)02-3148-0861~4
　　(편집)02-3148-0830~3
팩스 02-3148-0809
홈페이지 http://www.dongaScience.com
※ 책값은 뒷표지에 있습니다. 잘못된 책은 바꿔 드립니다

과학동아북스는 과학문화창조기업 (주)동아사이언스의 출판 브랜드로서 다양한 콘텐츠를 바탕으로 유익한 과학책을 만들고자 노력하고 있습니다.

이 책에 등장하는 인물들은 모두 실제 인물들이 아닙니다. 실제 인물과 비슷한 점이 있더라도 우연일 뿐입니다. 책에서 설명하는 사실들은 모두 정확한 것이지만, 글쓴이가 개인적으로 소장한 자료들이라고 밝힌 신문 기사, 편지, 책, 잡지 기사 등은 모두 이 책을 만든 이들이 꾸민 것들임을 밝힙니다.

My Notebook of Questions : The Body is created and produced by QA International 329, rue de la Commune Ouest, 3e étage Montréal (Québec) Canada H2Y 2E1

Tel. : +1.514.499.3000
Fax. : +1.514.499.3010
http://www.qa-international.com
ⓒ QA International 2007. All rights reserved.

Korean translation copyright ⓒ2008
by DongaScience Co., Ltd
Korean Edition is published by arrangement with QA International through PK Agency, Korea.

본 저작물의 한국어 판권은 PK Agency를 통해 QA International과의 독점 계약으로 (주)동아사이언스에 있습니다. 한국 내에서 저작권법에 따라 보호를 받는 책이므로 무단 전재와 무단 복제를 금합니다.

Contents

- What is our skin made of? 5
- What are our bones for? 10
- How many bones do we have and what are they made of? 12
- What is our tongue for? 17
- How does the body move? 20
- What does the heart look like? 24
- What is saliva for? 27
- How do blind people read? 30
- How do eyes work? 33
- Why do we have two ears? 36
- Why do baby teeth fall out? 38
- What are eyebrows and eyelashes for? 41
- Why do our feet smell? 44
- Why do we have different kinds of teeth? 46
- Why do we have to eat to grow taller? 48
- Why is blood red? 52
- What are nails for? 55
- Why does skin come in different colors? 59
- Why do my grandparents have white hair? 62
- Why do we get the hiccups sometimes? 64
- Why does the pupil change size? 68
- Why do we look like our parents? 71
- Why do we break wind? 74
- What are fingerprints? 76
- How does hair grow? 79
- What is urine? 82
- Why do we have a belly button? 85
- Why is old people's skin wrinkled? 88
- How come some people have no hair? 90
- Why do we close our eyes to sleep? 92

To all those who open this notebook,

Every day, your heart beats, your lungs breathe, your stomach digests—and you're not even aware of it! The human body is an incredibly efficient machine. Everything about it fascinates me, and I know there are plenty of curious young people who are just as captivated by the subject as I am. I've received so many questions. Why do we have two ears? Why do we have a belly button? What is the tongue for? What are fingerprints? These are just a few of the ones children have sent me. I've answered them in this notebook, using simple diagrams, photographs, and illustrations. I hope you'll find the answers to questions that you've asked yourself, too!

Happy reading, my friend!

Dr. Health

Dear Mr. Health,

I would like to know what my skin is made of. Can you tell me?

Thanks!

Audrey, age 8

My dear Audrey,

Before I answer your question, let me explain what the body is made of. I want to tell you one of my summer holiday memories... It was in 2002, and my sister and I were walking among statues of sand that had been carved by some ingenious builders. We were on the beach in Hardelot, in the north of France. The billions of grains of sand in these statues reminded me of the body. Why? Because we are also made up of billions of tiny structures, called "cells."

Here is one of the beautiful sand sculptures we saw on the beach at Hardelot.

Unlike grains of sand, however, our cells are very much alive. After they are born, they grow, feed themselves, reproduce, and die. Cells are what make our body work so well. There are many different kinds of cells. In fact, each part of the body is made up of its own group of similar cells. The heart is a set of cells, as are the lungs, the muscles, the brain, and, yes, the skin. This giant "envelope" around the body is one of our most precious organs. Of course, we can't live without our heart, brain, or lungs, either, but the skin is our first contact with the outside world. It tells us what is going on around us. Caresses, wounds, pleasant or extreme temperatures—the skin detects them all! It's also a real barrier, protecting the body from germs, blows, and the Sun's harmful rays. Now let me get back to your question! Have a look at the diagram I've drawn on the next two pages. It shows the three layers that make up the skin, as well as the different structures in it.

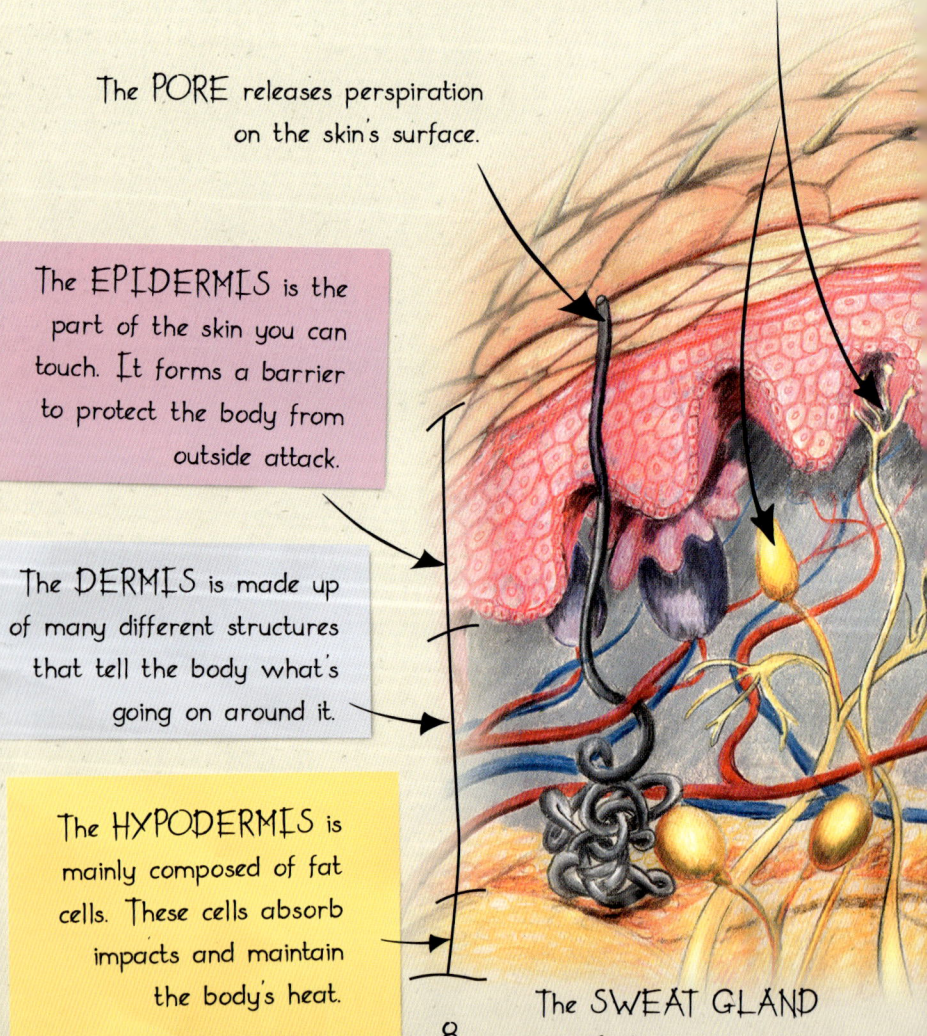

Several NERVE RECEPTORS detect signals coming from the outside, such as pain, temperature changes, and pressure.

The PORE releases perspiration on the skin's surface.

The EPIDERMIS is the part of the skin you can touch. It forms a barrier to protect the body from outside attack.

The DERMIS is made up of many different structures that tell the body what's going on around it.

The HYPODERMIS is mainly composed of fat cells. These cells absorb impacts and maintain the body's heat.

The SWEAT GLAND manufactures perspiration.

The SEBACEOUS GLAND produces a natural oil called sebum, which prevents the skin from drying out.

The HAIR FOLLICLE manufactures hair.

The MUSCLE makes the hair stand up when it's cold (forming "goosebumps").

The BLOOD VESSELS carry blood to the skin.

Treat your skin well, Audrey, so you can stay healthy for a long time!

Your friend,
Dr. Health

From: Adam
Subject: Bones
Date: August 7, 2006
To: Dr. Health

Dear Doctor,

Why do we have bones on the inside?
Thank you for answering me.

Adam, age 7

Dear Adam,

Imagine, for a moment, that your body has no bones. What do you think it would happen? Let's ponder this one together. If a house has no walls, what happens? You guessed—it collapses. And so, it's the same for the body. Without bones, it would be

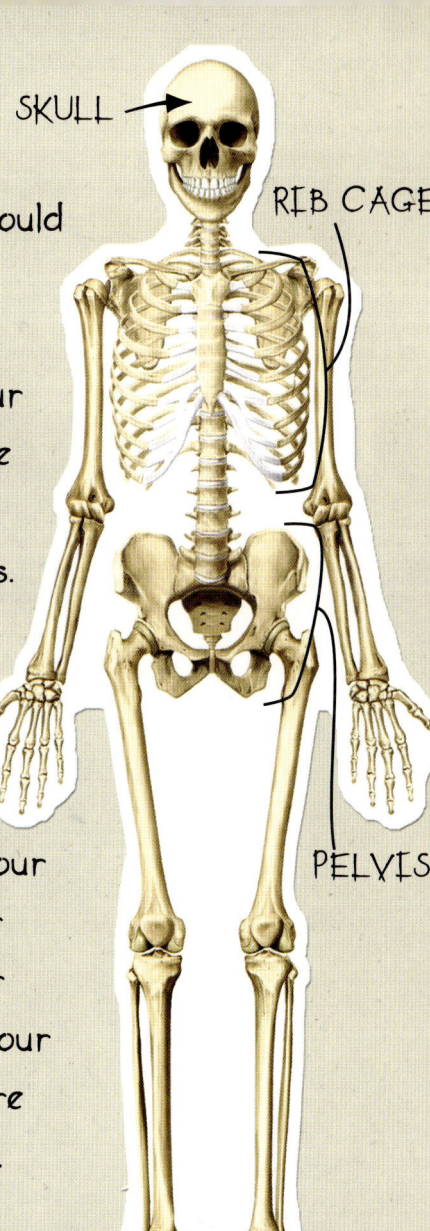

completely soft and would collapse right away. Besides holding up the body, bones protect our body's main parts. See for yourself: feel your head with your fingers. It's hard all over, isn't it? The bones in your skull form a genuine helmet to protect your brain. Your rib cage protects your heart and lungs. Your kidneys and part of your reproductive system are enclosed in your pelvis.

In fact, next to tooth enamel, bone is the hardest material in the body. Did you know that if you compare a bone to a steel bar of the same weight, the bone is stronger? This is why the body is so durable! You should still be careful not to fall from a tree or down the stairs, however, because even though your bones are solid, they can still break!

Take care,

Dr. Health

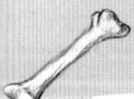

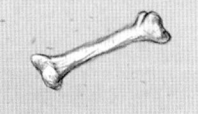

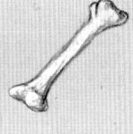

Subject: Question for Dr. Health
Date: September 8, 2006
To: Dr. Health

Hello Mr. Health,

I would like to know how many bones we have and what they are made of, please.

Theo, age 10

Hello Theo,

A newborn baby has about 350 bones. As the baby grows, some of the bones fuse together, which explains why an adult has only 206 bones! They come in very different shapes and sizes. Some, like skull bones, are thin and flattened out to protect the organs. Others, like arm and leg bones, are long, to allow large movements. Some bones are short, like those of the wrist and ankle. They connect one part of the body to another, and help it move more easily. You can imagine that I don't have room to name all the bones here! So I'll just identify the main bones on the skeleton I've drawn for you on the next page.

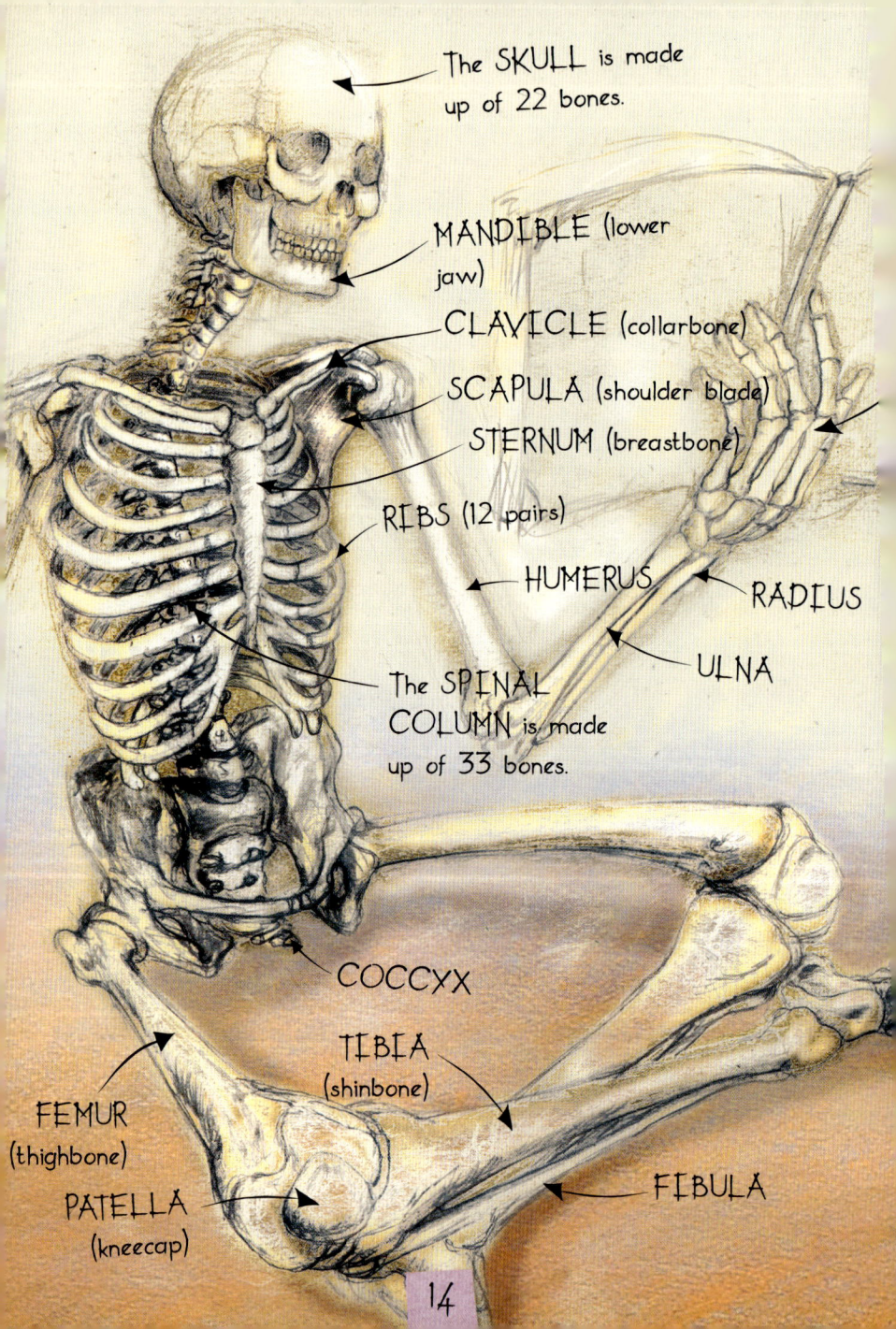

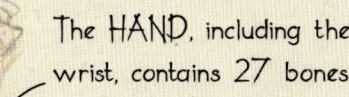

The HAND, including the wrist, contains 27 bones.

Our bones consist of cells, minerals, and collagen. Minerals, especially calcium and phosphorus, make bones strong. Collagen is a substance that makes them more flexible. The layer of cells on the outside of the bone is very hard. It is called compact bone. Inside the bone is marrow, a soft, greasy substance that manufactures blood cells. Also inside are blood vessels and spongy bone, a material that is much less dense than compact bone.

The FOOT is made up of 26 bones.

Take a look at my illustration of the femur—and you'll recognize its main parts.

SPONGY BONE looks like a sponge, but is much harder!

COMPACT BONE is the smooth, dense layer that cov[ers] the outside of the bone.

BLOOD VESSELS carry blood to the bone cells.

The MARROW in some bones produces millions of blood cells each day. These cells then leave the bone through the blood vessels.

Best regards,

Dr. Health

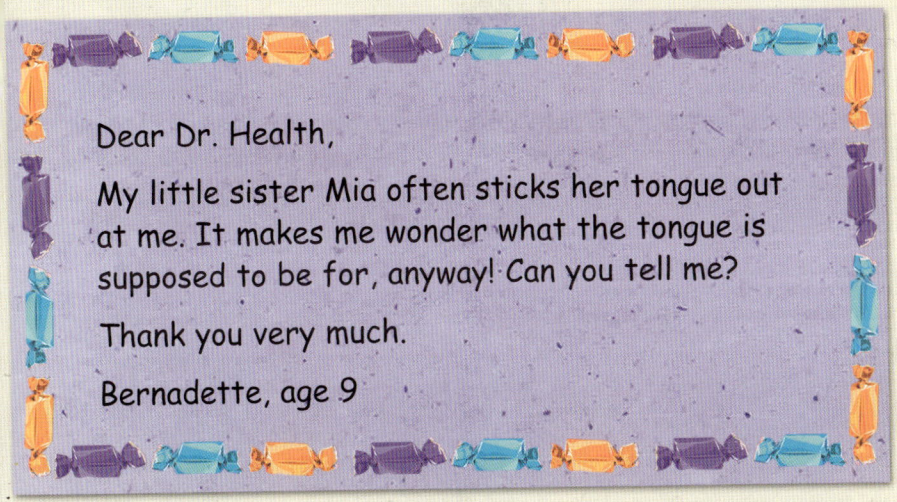

Dear Dr. Health,

My little sister Mia often sticks her tongue out at me. It makes me wonder what the tongue is supposed to be for, anyway! Can you tell me?

Thank you very much.

Bernadette, age 9

Dear Bernadette,

You can tell Mia that I think she is a little monkey! But let's get back to your question: the tongue, as you probably suspect, is the organ that detects flavor in the foods you eat. The next time you look at yourself in the mirror, stick out your tongue and examine its surface. You'll see that it's sprinkled with tiny bumps, called papillae. Some papillae contain several little sets of cells we call "taste buds." Thanks to them, you can tell the difference between ham and chocolate! Your tongue also works to turn food into pulp. While your teeth efficiently crush the food, your tongue keeps working to move the pieces of food back under the teeth to grind them up more finely. It really is teamwork! Once the food pulp is fine enough, your tongue sticks to the palate to block the entrance to your nose, and you're ready to swallow. Your tongue plays another role, one that has nothing to do with eating. Here is a little story that will give you a hint: when my sister and I were little, my grandmother said our tongues "hung in the middle and wagged at both ends." She meant that we talked a lot! You guessed it: the tongue plays an active role in speech. Without it, you would not be able to pronounce different consonants and vowels. Try to pay attention the next time you talk. You will feel your tongue come up against your teeth when you pronounce the letters D and T. You will feel it rise when you pronounce the letter G, and it won't move at all when you pronounce vowels. Interesting, isn't it?

Best regards,

Health

Dear Mr. Health,
I really like skateboarding. I jump on my board as soon as I get home from school. Can you please tell me how our bodies are able to move so well?
Thanks!
Oliver, age 9

Dear Oliver,

The slightest movement in your body depends on your muscles. Muscles are made up of millions of cells that form muscle fibers. Muscle fibers are able to contract, or tighten. These contractions allow your body to remain upright, to bend, and to perform necessary actions, such as breathing, bending your arms, and eating. By the way, your heart is a very powerful muscle. It must be able to push blood with enough force to send it to every part of the body to feed its cells. The body has 640 muscles in all. Most of them are attached to bones at joints. The joints link the different bones together. Here are two examples: the knee joint connects the tibia to the femur, and the elbow joint connects the humerus to the ulna... These joints are very important. They allow your body to move in a coordinated way. Try to imagine, for a moment, that you don't have knees. The bones of your legs and thighs would not move separately, and you would be forced to walk with your legs straight. Pretty tricky, don't you think? Not all joints work in the same way. Your arm can make a complete circle in your shoulder joint, but your knees and elbows can only bend in one direction.

Let's take a look at the different parts of a joint. I've drawn a diagram for you that shows the knee joint, which is the biggest joint in the human body.

Muscle

The FEMUR is the bone in the thigh.

CARTILAGE is a kind of soft bone that is elastic but very resistant. Besides absorbing shocks, it lets the bones slide against each other without friction.

SYNOVIAL FLUID is like oil that prevents the bones from rubbing together and wearing out the cartilage.

TENDONS are very strong little strings that attach the muscles to the bones.

The **PATELLA** is a small flat bone that moves. It gives more strength to the knee joint.

LIGAMENTS are little strings, similar to tendons, that hold the bones together.

The **TIBIA** is the bone at the front of the leg.

And so, Oliver, now you know everything about how the joints work to allow you to be a skateboard champion!

Take care,

Dr. Health

Dear Doctor,

My big sister Claire tells me that the heart doesn't look anything like the one I made for you. Is this true?

Marie, age 7

My dear Marie,

When I was your age, I also believed that my heart looked like the ones that are drawn on Valentine cards. Actually, your heart is about the same shape and size as your fist. It isn't very big at all! In a grown-up, the heart measures about 4 to 4½ inches (10 to 12 cm) high, about 3 to 3½ inches (8 to 9 cm) wide, and about 2⅜ inches (6 cm) thick. It weighs about 10½ ounces (300 g)—about as much as a grapefruit. The heart sits in the middle of the rib cage, surrounded by the lungs. (If you want to see where the rib cage is, take a look at my skeleton on page 11.) The upper part of the heart is slightly tilted toward the right, so that more than half the heart sits on the left side of the body.

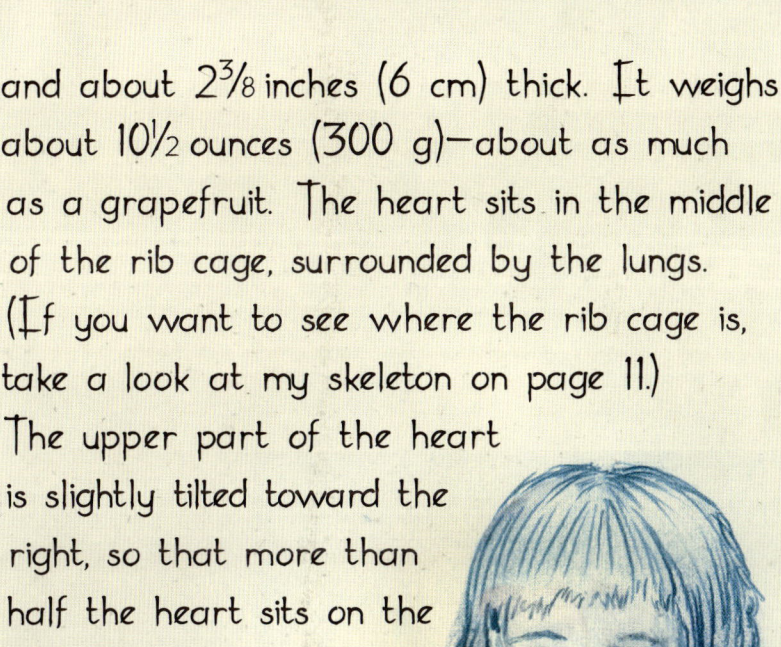

HEART

Despite its small size, the heart is the most active part of the body. It's a muscle that contracts, or tightens, about 70 times a minute. This means that it beats more than 100,000 times a day! Do you know what these heartbeats are for? They propel the blood throughout the body. Blood is important because it carries essential food and oxygen to the cells. That is why it is extremely important to keep your heart healthy. Now that you know the heart is a muscle, what do you think would be the best way to keep it in top form? You guessed right: exercise. But I must say goodbye now—it's time to join my friend Izin Spaice for our daily footrace!

Best regards,

Dr. Health

Dear Doctor,

What is saliva for?

Thank you for answering me!

Charles, age 9

Dear Charles,

Every year for my birthday, my sister prepares one of her secret-recipe desserts. Imagine a cake with chocolate fondant on the inside, topped with whipped cream and cocoa powder—a true delight! Just the thought of this magnificent cake makes my mouth water! This expression, "makes the mouth water," means you have a craving for something. It comes from the fact that your mouth produces more saliva than usual when you really want a certain food.

Saliva plays a number of important roles. First of all, it is essential for eating. Saliva contains enzymes that help it begin the digestive process. Enzymes are chemical substances that speed up the transformation of food into pulp. Next, saliva helps the papillae detect the flavor of the food.
Do you remember the papillae on the tongue? I mentioned this to Bernadette earlier.
The papillae only pick up the flavor of the

food once it is in liquid form, and saliva helps it achieve that form. However, saliva has other roles as well. It also moistens the inside of the cheeks, as well as the throat, teeth, and palate, to make pronouncing words easier.

Until next time,

Dr. Health

Hi Doctor!

On the subway, I saw a man reading a book that had nothing written in it. Mom said the man was blind, but that he managed to read by a kind of writing that he touches. Can you explain how he does this, please?

Thank you.

Helena, age 7

Dear Helena,

Your mother is right. This man is able to read like you and I. He is simply reading another kind of writing, called Braille.
It is made up of characters written with dots that make little bumps on the page. Blind people slide their fingers across the dots in order to figure out the letters and numbers written on the page.

Here is the word "peach" in Braille. (Imagine that the little black dots are bumps and you will understand what a blind person feels at the tip of their fingers.)

Braille was invented by a Frenchman named Louis Braille. Did you know that Louis Braille himself was blind from the age of 3? When he perfected this ingenious system of writing in 1824, he was only 15! Braille was a brilliant young man...

Like blind people, we are able to feel these little raised dots because our skin is so sensitive to touch. Light contact, strong pressure, vibrations, pain, temperatures that are comfortable or extreme, hot and cold—all this information is directed to the brain. The brain analyzes it and then orders the body to react (like pulling your hand away from a burning surface, putting on a sweater to protect yourself from the cold, or understanding a word written in Braille). I should explain, Helena, that often when people lose their eyesight, they become much more aware of what they hear, touch, feel, and taste. In this way, they detect, almost as quickly as seeing people, an approaching vehicle, a person shifting position, or food burning on the stove!

Affectionately,

Dr. Health

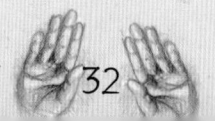

> Hi Mr. Health,
> Could you please explain how we see? I know we do it with our eyes, but how do they work?
> Tony, age 11

Hello Tony,

Our eyes really are windows on the world. These marvelous little organs recognize shapes, colors, and movement. This may seem strange to you, but what your eyes actually perceive is the reflection of light on what you are looking at. Reflection is a light ray that bounces off an object, somewhat like the way a ball bounces off a wall. It is this light, once it is analyzed by the brain, that gives you an image of objects. Look at this picture I found in my picture dictionary. It shows you the different parts of the eye.

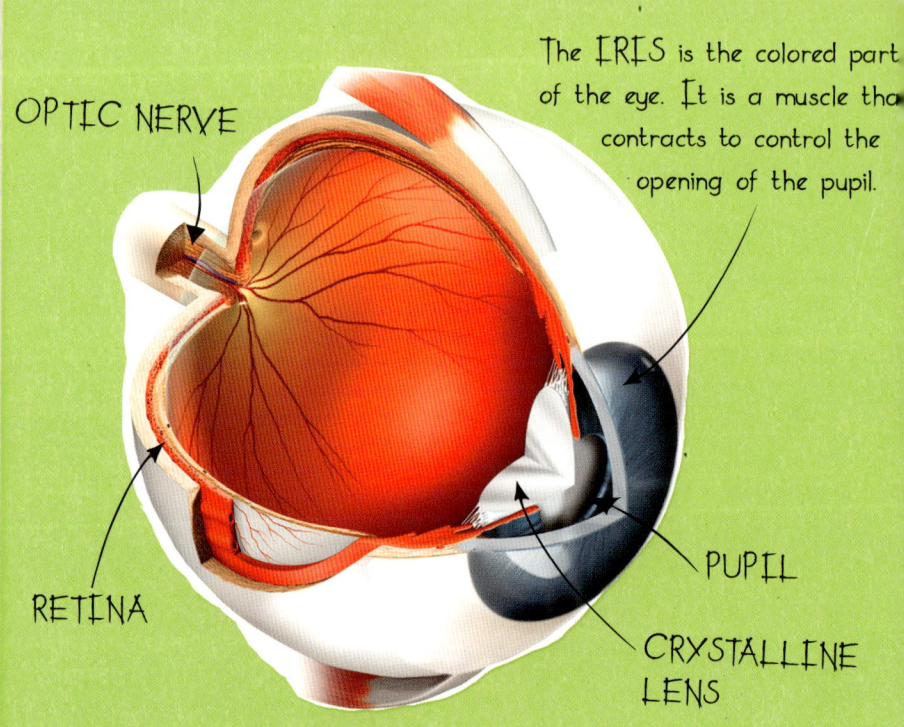

OPTIC NERVE

The IRIS is the colored part of the eye. It is a muscle that contracts to control the opening of the pupil.

PUPIL

CRYSTALLINE LENS

RETINA

Light reflected off an object is captured by the cornea. The cornea is a layer of thin, transparent cells located just in front of the iris and the pupil. Its rounded shape directs light inside the eye. The light rays pass through the pupil to the crystalline lens. The crystalline lens is like a little magnifying glass. By adjusting itself using the small muscles that surround it, it makes the image of the object reflect upside down on the retina. The retina is covered in two types of cells, called rods and cones. The rods react to faint light and recognize black, white, and different shades of gray. The cones work in bright light and capture colors. These cells convert the light they receive into signals. The signals travel to the brain along the optic nerve. Now it's the brain's turn to work! It analyzes the signals and transform them into an image of the object right side up, in color, and in three dimensions. Brilliant, isn't it? Besides allowing us to see, Tony, eyes also reflect our emotions, such as surprise, astonishment, and fear. It's no wonder we refer to the eyes as "the mirrors of the soul"!

Dr. Health

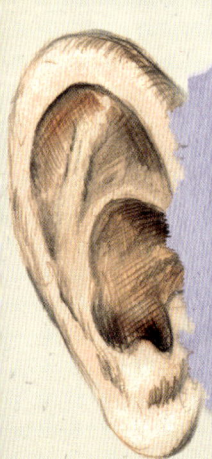

Dear Doctor,

I would like to know why we have two ears and not just one big one.

Thanks!

Jane, age 10

Dear Jane,

What an interesting observation! Who knows? Maybe having one large ear on the head would work very well. Although I can't help but think that it wouldn't be very practical, especially when putting on a hat! But enough joking around! Actually, Jane, having two ears is very useful. Allow me to explain. Our ears are separated from each other by almost 6 inches (about 15 cm), and so, they perceive sounds at slightly different times. This difference allows the brain to determine where a sound is coming from and to precisely judge its distance from us. In this way, we can more easily avoid danger in the surrounding environment. Here is an example: before crossing the street, you look left and right. You also listen to what's going on. How do you know, without looking, that the car you hear is approaching from the left? Easy! Your left ear hears the rumbling of the car's engine a fraction of a second earlier than your right ear. It also hears the sound a little more loudly. All these tiny differences in information are enough for the brain to accurately locate where sounds are coming from. So now that you know all this, are you sure you'd only want to have one ear?

Your friend,
Dr. Health

Dear Doctor,

I would like to know why my teeth fall out. Can you tell me please?

Julian, age 7

Dear Julian,

I can see from your picture that a few of your baby teeth have fallen out recently! What a lovely smile you have! But let's get back to your question. Children have 20 baby teeth. From the age of about 6, these little teeth start to fall out. If you have a mouth full of empty spaces, it's because the baby teeth are making way for bigger teeth. In fact, the bigger teeth are pushing the baby teeth out! These new teeth will be your 32 permanent teeth, the ones you keep all your life. Adult teeth must be able to chew up food for many decades to come, so they need to be really strong, as you can imagine! Teeth are covered with the hardest substance in the body, called enamel. In spite of their strength, though, teeth need a lot of attention. This is why it's very important to brush after each meal. That's how you'll ensure they have a long and healthy life.

Here is an illustration that will show you how a tooth is made.

The CROWN is the visible part of the tooth. It is covered in enamel.

GUM

The NECK is the part of the tooth between the root and the crown.

The ROOT of the tooth extends beneath the crown.

The JAWBONE

The BLOOD VESSELS (in red and blue) carry blood that transports the nourishment needed by the tooth's cells.

The NERVE (in yellow) sends information (like heat or cold) to the brain.

Dear Doctor,

My little sister Ludmilla is always asking me what all the hairs around our eyes are for. I don't know what to tell her. Can you please explain?

Regards,

Eleanor, age 9

Dear Eleanor and Ludmilla,

Your eyes are precious. Thanks to them, you can admire a beautiful landscape, choose the color of your pants, and look at your picture books. Eyes are also very sensitive. They must be protected from little attacks from the environment. The body has some effective protection built in, including hair around in the eyes, in the form of eyelashes and eyebrows. Eyelashes trap dust particles before they touch the eyes. At the same time, they filter out some of the Sun's harmful ultraviolet rays. Eyebrows prevent perspiration on your forehead from running down into your eyes. As perspiration runs, it collects impurities that are in the air and sweat on your skin, which can irritate the eyes.

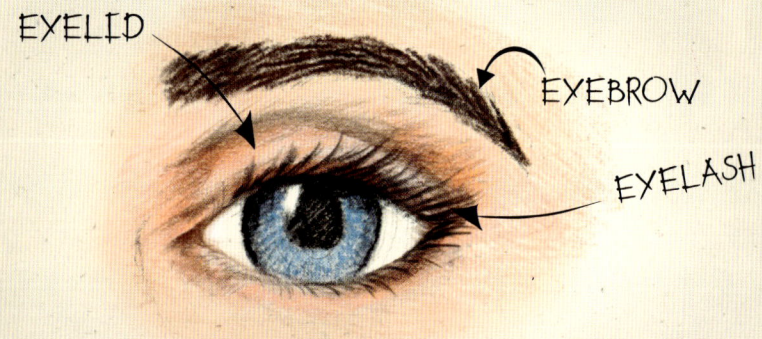

Along with these hair barriers, tears protect the eye. Glands located behind the eyelids, just over the eye, produce them continually. Tears clean the surface of the eye and kill germs, thanks to a special substance in them. The eyelid spreads the tears over the surface of the eye, just like a windshield wiper!

Did you know that our eyes blink an average of 3 or 4 times per minute? At this rate, if you follow my clever calculations below, you will reach a rather surprising conclusion...

Let's say that you sleep 10 hours per night. This means that you are awake for 14 hours.

If we count four blinks of the eye per minute, that means there are 3,360 blinks in 14 hours (or 840 minutes). A blink of an eye lasts about one-third of second (0.3333 seconds), so 3,360 beats lasts about 1,120 seconds.

1,120 seconds = 18 minutes and 40 seconds.

This means that even when you are awake, you spend 18 minutes and 40 seconds a day with your eyes closed!

Dr. Health

Hi Doctor!

Why do our feet smell?

Martina, age 8

Dear Martina,

Most of the time, feet smell bad when they have perspired a lot and for a long time. It's the same for underarm odor. Do you know what perspiration is, by the way? It's a process that allows the body to cool down when it is overheated. You see, in order for it to work well, your body must do whatever it can to maintain a temperature of 98.6°F (37°C). That is why you have to wear extra clothing in winter to keep yourself warm. On the other hand, if your body is too warm, it needs to lower its temperature. It does this by producing sweat, which it then eliminates through the pores in your skin. As the sweat dries, it refreshes your body. Perspiration on its own has no odor. However, there are thousands of microscopic organisms, called bacteria, living on your skin. The substances in perspiration are a real feast for them. These bacteria stuff themselves on perspiration and then reject it as waste. It is the waste that gives off the unpleasant smell. Why do we smell more on the bottom of the feet and under the arms than elsewhere? Because these bacteria love enclosed spaces (like armpits or feet stuffed into shoes). This is where more bacteria can be found, and therefore more odor. To keep this odor from reaching your nostrils, and those of your neighbors, all you need to do is wash regularly. If there is one thing that bacteria hate, it's soap! Soap kills the bacteria before they have a chance to feast!

Dr. Health

Dear Mr. Health,
Can you tell me why our teeth are not all the same shape?
Catherine, age 10

Dear Catherine,

Our teeth are little tools that are essential for starting the process of digestion. They cut, shred, and grind food into pulp before it reaches the stomach. Each tooth, according to its position, has a very precise role to play in turning food into pulp. I've pasted a little notice from my local dental clinic on the opposite page. I think it's a good illustration of the different types of teeth and their particular characteristics.

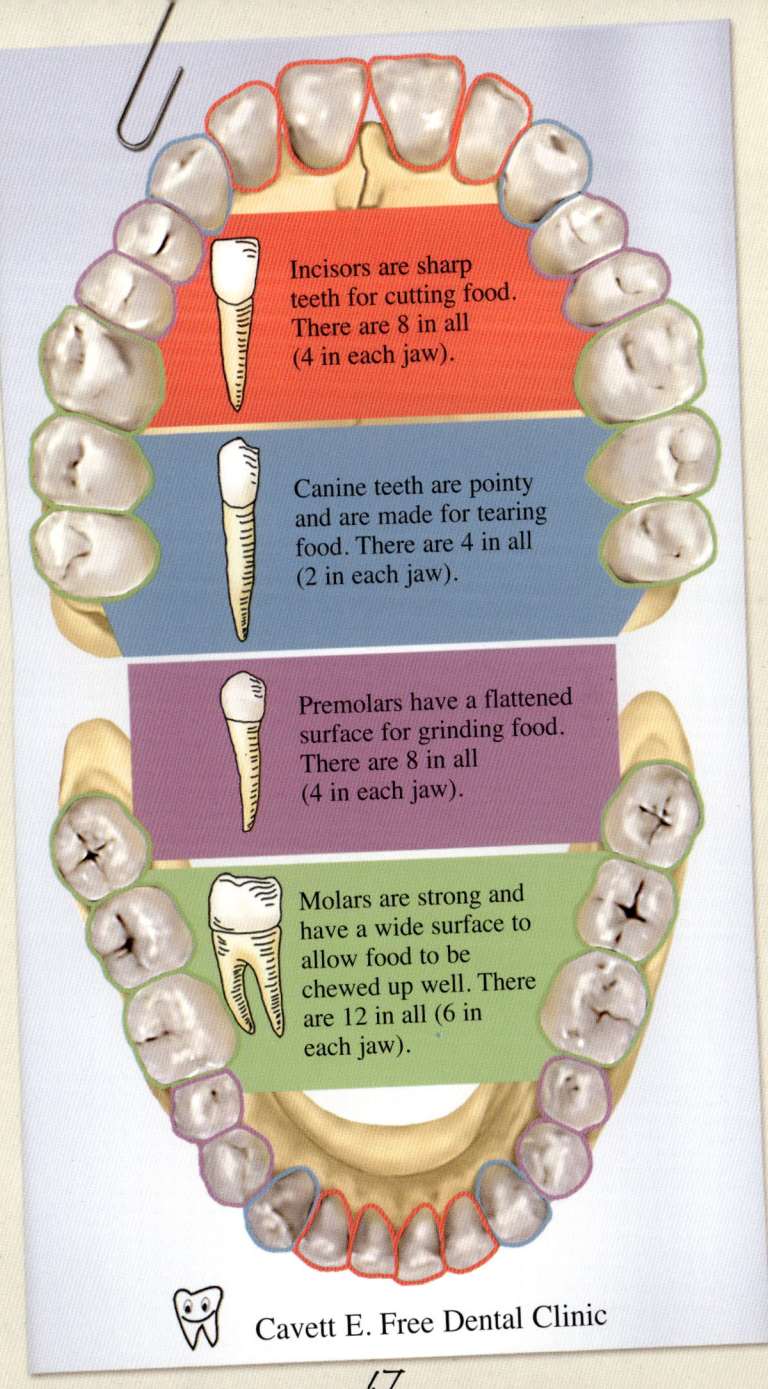

Did you notice there are 32 teeth? Good for you! This is a set of permanent teeth. Children who still have their 20 baby teeth have the same kinds of teeth as grown-ups. Only the molars are missing.

Regards,

Dr. Health

My mom often tells me that if I don't eat, I won't grow taller. Is that true?
Thanks,
Hugo, age 8

Dear Hugo,

Growing is an adventure that demands a lot of work on the part of your body! When a new human being is born, it measures barely 19 inches (50 cm) in length and weighs between 6 and 8 pounds (3 to 4 kg). It's got a long way to grow! This is why the years following birth are important. The baby must reach its adult size by about age 21. During this growth period, the brain develops and the heart and other organs grow as well. The baby teeth appear and then fall out, to be replaced by permanent teeth. The bones lengthen and become stronger.

Then, around the age of 12, comes puberty. The child's body becomes an adult's body: girls grow breasts, hair appears, and the voice changes. All these transformations take a lot of energy, you can be sure.

So listen to your mother, little Hugo. She's right to tell you to eat,

Age 2,
33 inches (86 cm)

Age 4,
40 inches (102 cm)

Age 5,
42 inches (108 cm)

Age 8,
49 inches (126 cm)

because the food on your plate gives you what you need to grow. For example, the calcium in milk products reinforces your bones and your teeth. The phosphorus in fish helps your brain cells develop, and the vitamin A in carrots improves your eyesight by protecting the crystalline lens and nourishing the retina.

Take care,

Health

Dear Doctor,
Why is blood red?
Rose, age 7

Dear Rose,

Blood mostly contains plasma. It is a yellowish liquid that has many cells circulating in it. Most of these are red blood cells. Their job is to carry oxygen and nutrients (food for the cells) to every part of the body. It's the red blood cells that give blood its pretty color. And that, Rose, is the answer to your question!

You should also know that platelets and white blood cells circulate in the blood, along with the red blood cells. They have very important jobs. Platelets allow blood to coagulate, or form a scab, when you are wounded. This little "plug" forms a barrier to keep the body from losing too much blood. White blood cells work to defend the body by attacking the viruses and bacteria that can infect it.

That's why blood is so important —it not only nourishes the body, it also protects it.

Best regards,

Health

RED BLOOD CELLS have a flattened shape. They live for four months.

WHITE BLOOD CELLS are three times larger than red blood cells.

PLATELETS have a very short life (5 to 10 days). They are three times smaller than red blood cells.

Did you know that 10 to 12 pints (5 to 6 liters) of blood circulate in the body of an adult?

Dear Mr. Doctor,

Can you tell me why it doesn't hurt when my mother cuts my nails?

Thanks very much.

Maud, age 7

Dear Maud,

It's a good thing your mother cuts your nails regularly. If she didn't, your nails would be so long that you couldn't hold your pen! Did you know that nails grow on an average of 0.2 inch (0.5 cm) a month, throughout your entire life? They grow even faster in summer than they do in winter!

A nail is a hard plate made of strong and resistant cells. At the nail's root, the cells are constantly dividing and pushing the older cells

up toward the tip. The moving cells
fill with a hard substance called
keratin, and then die. If it doesn't
hurt when your mother cuts your
nails, it's because the part she's
cutting is made up of dead
cells, and removing dead
cells doesn't hurt! Did you
ever wonder why we
have nails, Maud? It goes
way back. A few million years
ago, our ancestors had claws.
They used them to scratch the
earth, to fight, and to tear up food.
Over time, humans invented tools,
and so they had less need for claws.
Bit by bit, the claws receded to what
we have today, our nails. But wait!
Nails are still very handy to have.
They help us perform small tasks with
great precision.

THIRD FINGER

LITTLE FINGER

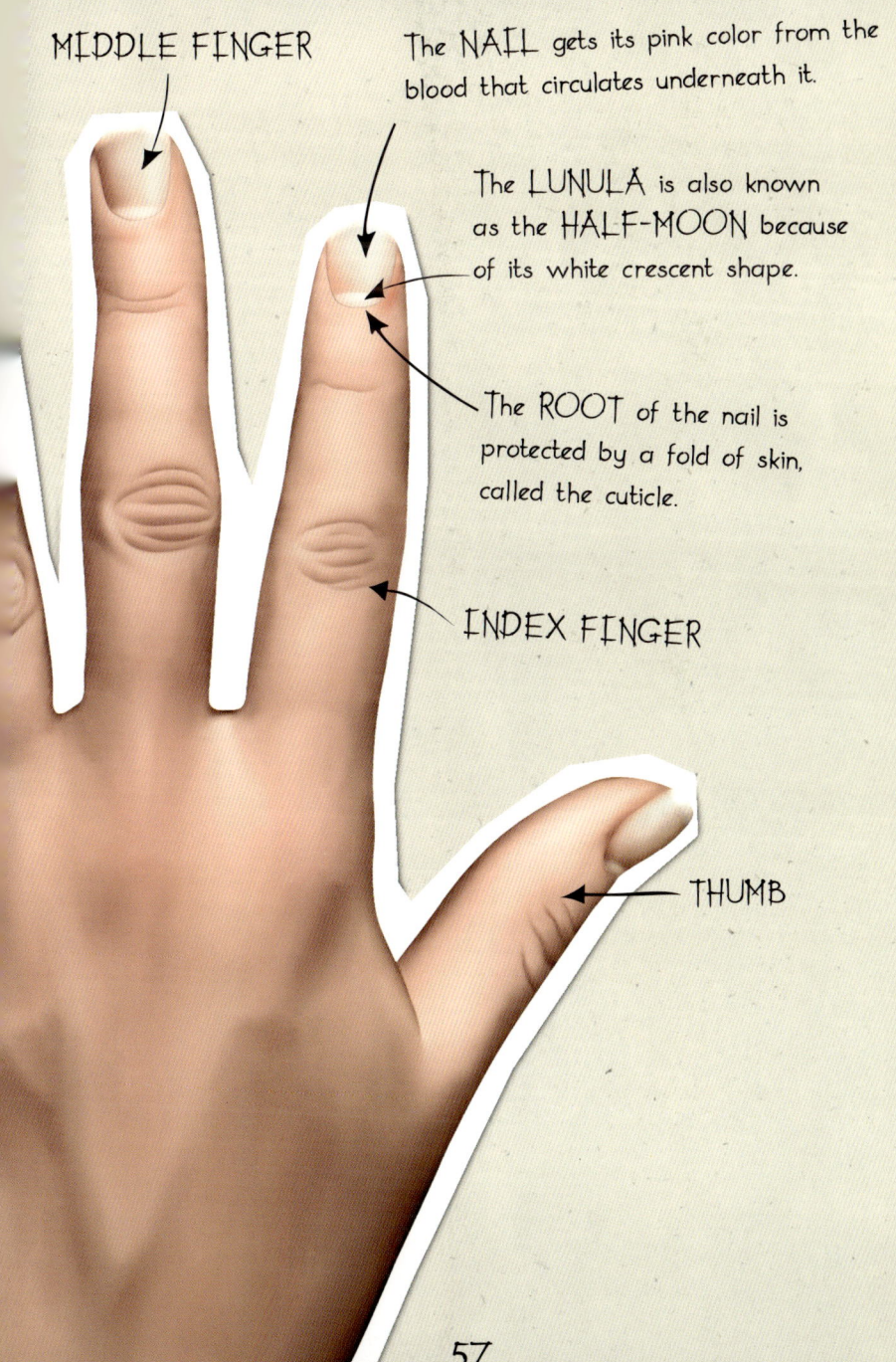

The next time you take off your shoes, pay attention and you'll see that, thanks to your nails, you can undo the knots on your laces!

Regards,

Dr. Health

MY RECORDS OF THE HUMAN BODY

- Fingernails grow faster than toenails.

- The nail on the index finger grows the fastest.

- The nail on the little finger grows the slowest.

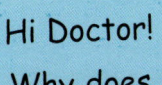

Hi Doctor!

Why does my friend Julian have black skin but I don't?

Thank you.
Ethan, age 8

Before answering your question, Ethan, you have to know that our skin produces a colored substance called melanin. Melanin comes in the form of little grains whose colors vary from yellow to brown to black. The amount and the color of the melanin grains vary according to each person. That's why there are so many wonderful faces of different shades on our planet! The difference between your friend Julian

and you is that his skin produces more melanin than yours. It's as simple as that! Did you know that melanin, besides giving skin its particular color, also protects it? It shields the skin cells from the Sun's harmful ultraviolet rays by blocking them out. One more thing: in summer, when you are exposed to the Sun, your skin cells protect themselves by producing extra melanin. We call it a suntan. The darker the skin is (the more melanin is contained in the cells), the more protection it has from the Sun. The lighter the skin (when cells have produced less melanin), the less protection it has. Melanin, however, does not offer enough protection on its own. So when you are out in the Sun this summer, remember to slap on some sunscreen!

I hope this explanation was helpful. And please give my regards to your friend Julian.

Dr. Health

```
Subject: White hair
Date: August 10, 2006
To: Dr. Health
```

My grandparents' hair used to be brown, but now it's completely white. Can you tell me why older people get white hair?

Thanks, Doctor!

Justine, age 9

Dear Justine,

Black, brown, blonde, red... I'm sure you've noticed that hair comes in an astonishing variety of colors. This variety comes from the same substance that colors skin, which I described to Ethan in the previous question. Hair color is determined the same way—by the amount of melanin grains and their color. You see, Justine, a few years ago my hair was light brown. Since then, little by little, white hairs appeared, like they did for your grandparents, and eventually took over.

How does our hair change color? Let me explain. A hair is manufactured by a hair follicle. A follicle is a group of cells that are implanted in the scalp. Some of the cells in a hair follicle produce melanin. Other cells, the ones that form hair, absorb the melanin. Over the years, these cells that have been working such a long time start to wear out and get tired. They produce less and less melanin and the hair loses more and more of its color. When it no longer contains melanin, the hair turns the gray-white shade you've seen on your grandparents' heads.

Regards,

Your "old" friend Health

Hi Doctor,
I often get the hiccups in class. It's really embarrassing because it makes so much noise! Can you tell me some tricks for getting rid of them fast? And could you also please explain why I get them?

Thanks!
Luke, age 10

Dear Luke,

I can easily imagine that hiccuping during class bothers you, and I can't help. I think that these little "attacks" make your friends laugh, too. Am I right? OK, here are three things you can try (and they do work, sometimes!) to make your hiccups stop quickly. These tricks come from my grandmother.

- Hold your breath as long as you can (but don't do it more than three times in a row).

- Drink a big glass of cold water all at once, without taking a breath.
- Drink a big glass of water quickly, while bending forward.

But what brings on an attack of hiccups in the first place? Rest assured, Luke, hiccups happen to everyone, from the youngest children to the oldest adults. And don't worry, they're not serious, just tiring! The problem arises after drinking large quantities of liquids, swallowing too big a meal, or eating too quickly. The stomach swells until it "tickles" the diaphragm. The diaphragm is a large muscle located between the lungs and the stomach. It plays a very important role in the breathing process. Normally, it allows the lungs to fill with air when it contracts and to empty out when it relaxes.

But when the stomach tickles the diaphragm, this large muscle reacts by contracting and relaxing in an uncontrolled manner. These reactions cause air to shoot out of the lungs, passing through the trachea, the larynx, and the pharynx. (To see these different parts, take a look at the diagram I have drawn for you on page 67.) As the air passes from the trachea to the larynx, it makes two delicate muscles called the vocal cords vibrate. This vibration sets off the "hic" typical of hiccups. Did you know that a person can hiccup between 2 and 60 times per minute?

Best regards,

Dr. Health

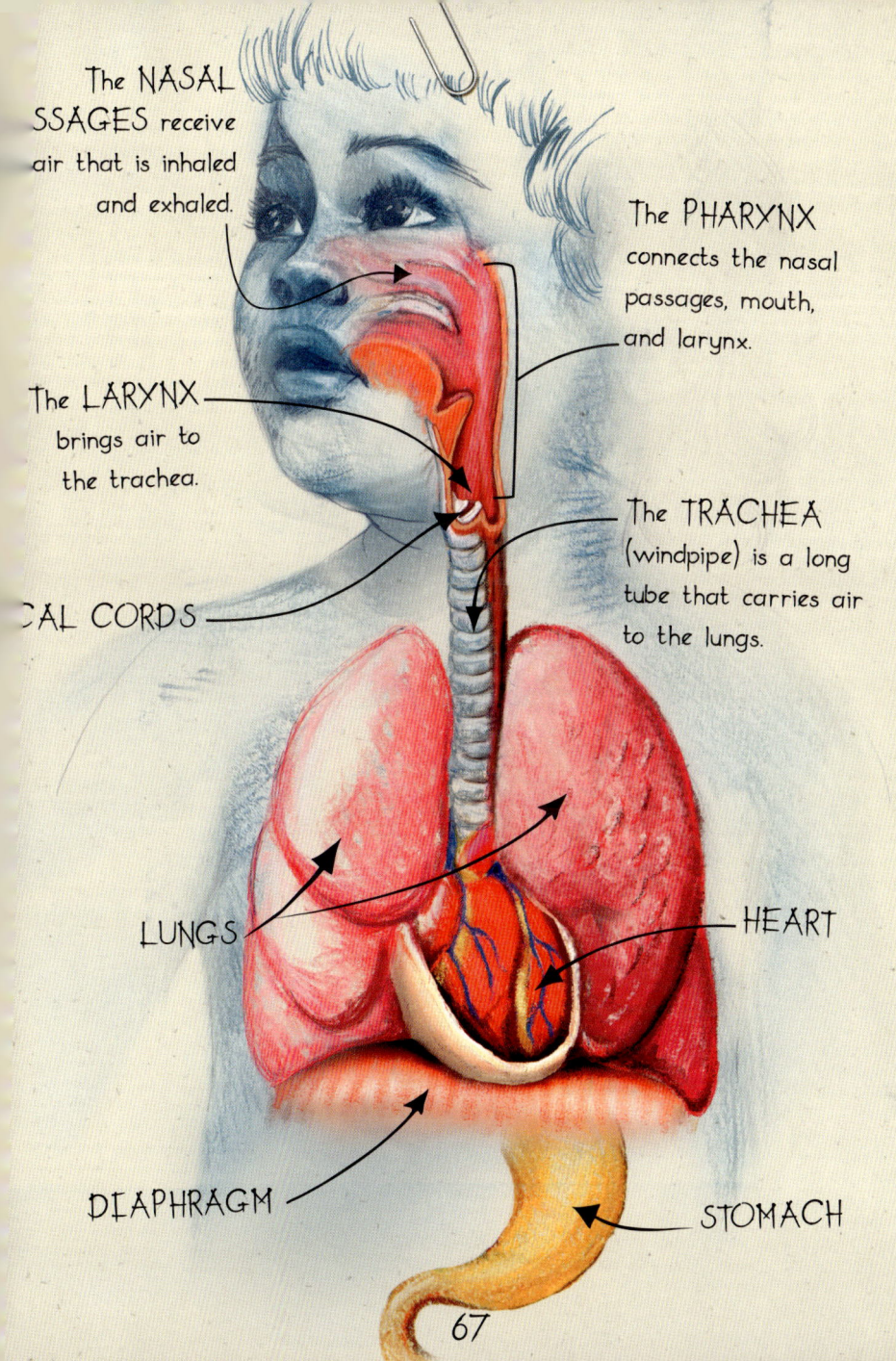

Dear Mr. Health,

Is it normal that the black circle in the middle of my eye changes size?

Florence, age 8

Dear Florence,

Rest assured, your eyes are in perfect working order! Actually, if your "black circles" didn't change size, it would be something to worry about! These circles are called pupils. They're the opening through which light enters the eye. Let's try a little experiment. Go find a flashlight... Have you got it? OK, stand in front of the bathroom mirror and turn off the light. Now turn on the flashlight and look at the size of your pupils in the mirror. They're big, aren't they? Next, turn on the bathroom light and look at your pupils again. They've shrunk! This is why: as I explained to Tony, our eyes see objects around them by capturing the light that reflects off these same objects. That's why we don't see them in the dark! When it's dark, there is little light. The eye must then adjust itself. It does this by opening the pupil wide to capture as much light as possible. In bright light, on the other hand, the eye closes the pupil down to avoid being blinded. Clever, isn't it?

Pupil in bright light

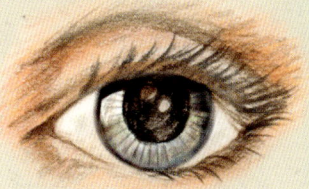
Pupil in darkness

The gymnastics that the pupil performs is made possible by the iris, which is the colored part of the eye. The iris is a muscle. When it contracts, it opens the pupil. When it relaxes, it shrinks the pupil's diameter.

Dr. Health

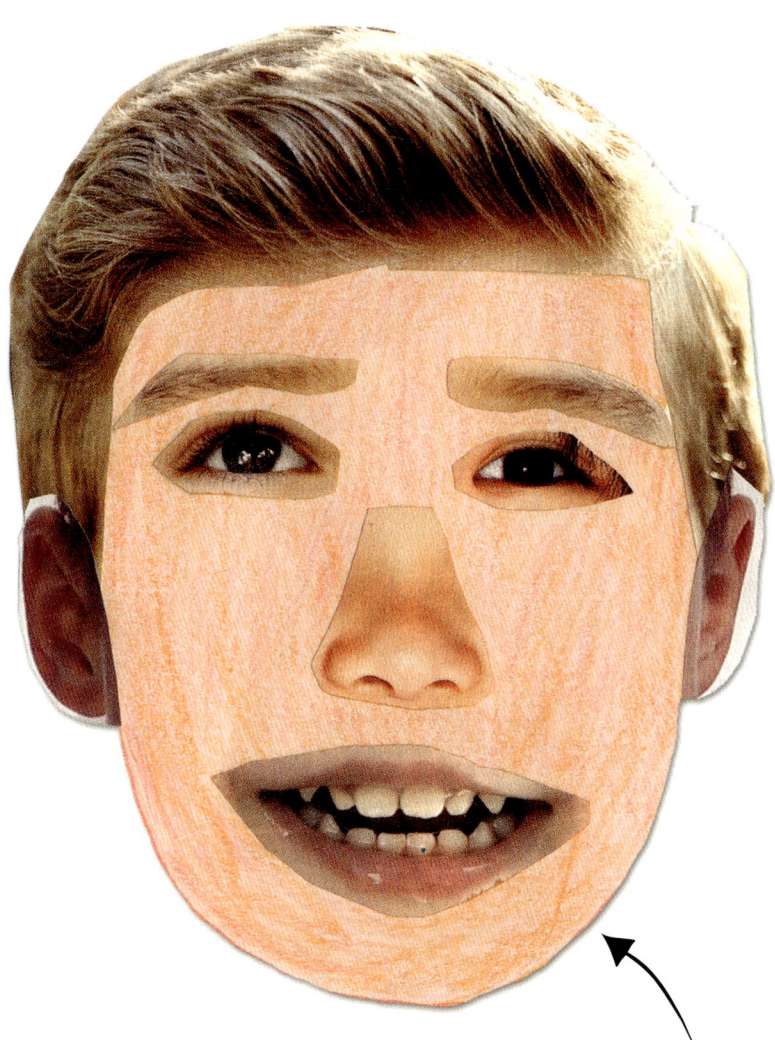

This question gave me an idea! I constructed a face by cutting out eyes, a nose, and ears from different magazines. Fun, isn't it?

Dear Doctor,

My aunt Sabrina, who is my father's sister, often tells me that I have my mother's turned-up nose and my father's hazel eyes. How can that be?
Thank you.

Graham, age 9

Dear Graham,

My grandmother was a great cook. Every meal she prepared for us was a true feast. I remember that when she cooked, she used a big recipe book. She explained to me that to prepare a dish successfully, one had to follow the recipe's instructions to the letter. What do cooking and your question have to do with one another? Don't worry, I'm getting to it! In order to make you, Graham, two special cells from your parents met

and got mixed together: a spermatozoid, which is made by a man, and an ovum, which is made by a woman. Like all cells in the body, the ovum and the spermatozoid contain the manufacturing code of every human being. This code is called DNA (short for DeoxyriboNucleic Acid). DNA, you see, is something like the big cookbook my grandmother used. It holds a huge number of recipes! Each recipe has the information needed to make eyes, skin, hair, feet, and even the organs inside us. Scientists call these

A piece of DNA

recipes "genes." And so, when your father's spermatozoid and your mother's ovum came together, they blended their DNA (and, therefore, their recipes!). This mixing together led to the formation of an egg that, as it grew over nine months, became baby Graham. And that's why you look so much like your parents!

Dr. Health

Dear Doctor,
I would like to know why we fart.
It's for my school project.
Thank you.
Caroline, age 9

Dear Caroline,

The body's odors and noises have always managed to make grown-ups smile—and children laugh! They also make us uncomfortable. You must admit that breaking wind, or flatulence, is pretty embarrassing when it happens in public. This phenomenon is entirely natural, though. You see, Caroline, these gases are a sign that your digestive system is working normally! It all starts when you swallow your meal. The food goes down to your stomach, where it is reduced to pulp. The pulp continues its journey through your body. First it passes through the small intestine. This is where most of the food is digested. Several hours later, what's left of the pulp reaches the large intestine (scientists call it the colon). Here is where billions of bacteria are found living in harmony. And what an appetite they have! They devour the food that wasn't completely digested in the small intestine. This includes bread, milk products, and certain vegetables, such as cabbage, radishes, broccoli, onions, and beans. As the bacteria eat, they give off gases, which then become trapped in the large intestine. When the large intestine becomes too full of gases, it releases them as flatulence. Normally, flatulence is odorless. It happens, however, that the remains of some foods that the bacteria eat cause bad-smelling gases to form. This is the kind of flatulence we dread!

Best regards,

Dr. Health

From: Gabriel
Subject: Fingerprints
Date: July 30, 2006
To: Dr. Health

This summer, my family and I saw an exhibit called "Autopsy of a Murder" in Quebec City. We had to figure out who had killed a woman by analyzing clues and the testimonies of witnesses.
I learned a lot about police work and the people who work in the laboratories. It was really interesting! There was just one thing: I didn't quite understand fingerprints. Can you explain, please?

Thanks, Doctor!

Gabriel, age 9

Dear Gabriel,

I also saw this exhibit when it appeared in Montreal. I went with my friend Professor Thingamajig. I must admit we had a lot of fun trying to figure out who murdered the poor woman. By the way, did you and your family ever find out who the killer was?

But let's get back to your question...
Observe the tips of your fingers carefully. You see all the fine lines that make patterns on the skin? These are fingerprints. They are unique, which means no one's prints are the same as anyone else's! There are cells in the skin that produce an oily substance called sebum. Sebum makes us leave our fingerprints on objects that we touch. Try it as an experiment! Take a clean glass and place it near a window. Look closely: do you see marks? Those are the prints from your fingers. And so, Gabriel, when a crime has been committed, the police look for these little traces. When the police stop a criminal, they take that person's fingerprints and register them in a computer file. The police can then compare the fingerprints they have lifted at the scene of the crime with those that are registered in the computer file.

In this way, the police can quickly identify criminal suspects! And that's not all fingerprints are good for. It is also believed that the grooves in the skin, with the help of perspiration, improve the fingers' ability to hold objects without slipping. It's a little like the treads in the soles of your shoes that help your feet grip the ground securely.

Until next time, Gabriel, and give my regards to your family!

Dr. Health

Dear Mr. Health,
How many hairs do we have on our head?
Thank you.
  Mila, age 7

Dear Mila,

There are so many hairs, it's difficult to count! Every human being has between 100,000 and 150,000 hairs on their head (except for bald people, of course!). Imagine a small square on the scalp, whose sides measure 3/8 inches (1 cm). Inside this square are about 300 hairs. Now when a hair gets too old, Mila, it falls out. In fact, each hair growing on a head lives between 3 and 6 years. Then it falls out and is replaced by a new one. As I explained earlier to Justine, hair is manufactured by hair follicles. As long as the follicles are producing cells, the hairs grow. You see, Mila, when your mother cuts your hair, all she removes is the old part of the hair. It doesn't stop the follicle from continuing to produce more of the same hair. That's why your hair "grows back." Are you following me? All this hair is very useful because it protects the head from the damaging rays of the Sun, from the cold, and from being injured. Until next time, Mila. I'll leave you with some hairy figures!

Hair grows about 1/64 inches (0.3 mm) per day!

On average, three million hairs grow over the course of a lifetime.

If the hair is healthy, all together it could support an object weighing 10 tons. That's the weight of 10 average-size cars! The scalp, however, would not be strong enough to support it.

Between 50 and 100 hairs fall off the head every day.

Almost 10 miles (16 km) of hair are produced each year by follicles in the scalp.

> Dear Mr. Health,
> What is urine?
> Nicholas, age 8½

Dear Nicholas,

The body is an extraordinary machine made up of billions of cells that are always at work. Like all machines, the body produces waste that it must get rid of. It does this in the form of urine. Urine is mostly made up of water, but there are also a number of other substances that the body's cells don't need. One of these is urea, which is waste that comes from digesting foods like meat, eggs, and fish. Did you know that urea is what gives urine its particular odor?

The kidneys are in charge of producing urine. They are part of the body's urinary system, which consists mainly of the kidneys, the ureters, the bladder, and the urethra. You can locate each of these parts by looking at my drawing below.

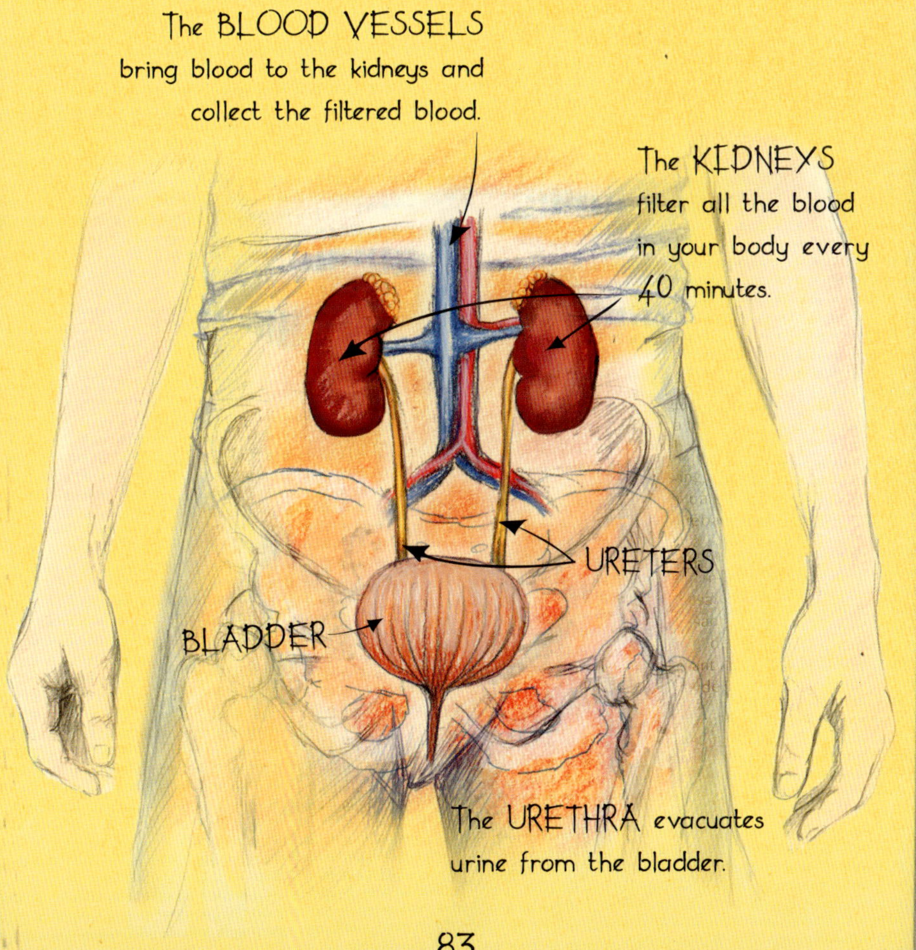

The BLOOD VESSELS bring blood to the kidneys and collect the filtered blood.

The KIDNEYS filter all the blood in your body every 40 minutes.

URETERS

BLADDER

The URETHRA evacuates urine from the bladder.

All humans have two kidneys. These organs look a little like big red kidney beans! In adults, the kidneys measure just under 4 inches (10 cm) long (your kidneys are a little smaller). Each kidney has millions of little "strainers" that filter the blood to get rid of waste and excess water. Once the blood has been cleaned, it continues its journey through the body. What was filtered out is turned into urine. The urine then passes through the ureters and pours into the bladder. When the bladder is full, it sends a signal to the brain to say, "I'm full! Time to go to the bathroom!" That's usually the time you decide to urinate.

Regards,

Dr. Health

> Hi Doctor,
> Why do we have a belly button?
> Thank you.
> Pamela, age 7

Dear Pamela,

Many years ago, when we went on vacation with our parents to the seashore, my sister and I were never without our masks and snorkels. It was so much fun to have them on! Without straying too far from shore, we could admire the many colorful fish that swam near the rocks, as well as the algae that carpeted the seabed. Thanks to our snorkels, we could stay underwater a long time without having to raise our heads to breathe. This little tube that brings air to the mouth is really a marvelous invention!

You may be wondering where I am headed with this story... I'm getting there! You see, all the time a baby is growing in its mother's belly, it needs to breathe and eat, just like we do. The mother can't feed the baby because he is tucked away inside her. Luckily, the baby's stomach is linked to the mother's by a kind of snorkel. This "snorkel" is called the "umbilical cord." Many elements pass through this tube to keep the baby alive. There is oxygen, which is essential to life, and, of course, food. But wait, Pamela! The food that the mother eats doesn't pass directly through the umbilical cord. It has to be digested first. Only important elements like nutrients (food for the cells), vitamins, and minerals pass through the umbilical cord to feed the baby. The baby's waste, such as urine, is also evacuated through this tube. Once the baby is out of the mother's belly, he can breathe and can be fed by mouth. The umbilical cord becomes useless and the doctor cuts it. Rest assured, Pamela, that it doesn't hurt the baby at all. The end of the umbilical cord that was cut off leaves a little scar—that's what we call the navel, or belly button. You see, the navel is, in a way, a little souvenir of the snorkel that fed you and gave you air for the nine months you were hidden in your mother's belly.

Best regards,

Dr. Health

UMBILICAL CORD

> Dear Mr. Doctor,
>
> Why is my grandmother's skin all wrinkled and mine is completely smooth?
>
> Felix, age 8

Dear Felix,

It's normal that your grandmother's skin forms wrinkles all over. That's part of the regular aging process. But let's take a look at why your grandmother's skin wrinkles. You see, Felix, some skin cells produce substances that make the skin supple and elastic. These substances are collagen and elastin. Thanks to them, your skin goes back in place after you smile or frown! As we age, these cells show signs of fatigue. Why? These cells have been working non-stop for a very long time, so it's normal for them to get a little tired. For this reason, they produce less and less collagen and elastin. Little by little, the skin becomes less supple and elastic. That's when wrinkles appear. And it's not just skin cells that show signs of fatigue by a certain age. By around age 60, the muscles and joints also lose suppleness. Bones become more fragile and risk breaking more easily. Hair turns white (I already talked about this to Justine) and eyesight becomes weaker. But don't worry, all this doesn't happen overnight! And it doesn't stop many people from remaining active and lively in spirit well after the age of 80!

Regards,

Health

> My friend Marco's dad doesn't have any hair. Neither does my grandfather. Why is that?
>
> Thank you.
>
> Megan, age 9

You know, Megan, hair loss is something that happens quite a lot, especially to men. Most often, it's part of the aging process. Around the age of 50 or 60, the cells that manufacture hair begin to get tired. Little by little, they produce fewer hairs and then stop working. That's why grandfathers often become bald or partly bald. Sometimes, however, men who are only 20 or 30 years old lose their hair! Of course, we can't blame this on aging. So why do some men lose their hair when they're young and others don't? Let me explain. Hair loss can be caused by the action of hormones.

Hormones are chemical substances produced by the body that travel through the blood. They visit every part of the body and carry out all kinds of tasks. Testosterone is the hormone responsible for hair growth between the ages of 12 and 18, during puberty. But what is strange is that this same hormone can also be responsible for hair loss! Once puberty has ended, the testosterone in some men influences the lifespan of their hair, and actually shortens it. This shortening leads, bit by bit, to the death of the hair follicle that produces the hair. Baldness occurs when most or all of the hair follicles have died.

Best regards, dear Megan.

Dr. Health

Hi Doctor!
Why do I have to close my eyes when I sleep?
Nathan, age 7

Dear Nathan,

Playing soccer, climbing stairs, talking, thinking... all these actions make you use a lot of energy during the day! Sleep allows your body, especially your muscles, to rest and relax. Thanks to this rest, you can start the next day feeling in top form! The muscles that hold your eyelids open are no exception. When they relax, they allow your eyelids to fall over your eyes. That's why your eyes close when you sleep. Closed eyelids also protect the eyes and keep them from drying out. There are, however, two muscles that don't stop during the night. Do you have any idea what muscles they might be?

They are the heart and the diaphragm. (Remember that the diaphragm is the muscle that allows you to breathe.) These two muscles have such important jobs in the functioning of the body that they can never really relax! And so, the heart continues to beat in order to make blood travel through your body, but more slowly. And the diaphragm contracts and relaxes less frequently, so you breathe more slowly, too.

Until next time, my curious friends! I can hardly wait to receive your new questions...

Dr. Health

Index

———• ABCDE •———

bacteria 45, 53, 75
belly button 85, 87
bladder 83, 84
blood 16, 20, 26, 40, 52, 53, 54, 83, 84
bone 10, 11, 12, 13, 14, 15, 16, 21, 22, 23, 49, 89
bone marrow 15, 16
brain 7, 11, 32, 33, 35, 37, 49, 84
cells 6, 7, 8, 9, 15, 17, 34, 35, 55, 56, 60, 63, 71, 72, 77, 88, 89, 90
crystalline lens 34, 51
diaphragm 65, 66, 67, 93
DNA 72, 73
ears 36, 37
enamel 12, 39
eyebrows 41, 42
eyelashes 41, 42
eyes 32, 33, 34, 35, 41, 42, 68, 69, 92, 93

———• FGHIJ •———

fingerprints 76, 77, 78
genes 73
hair 9, 62, 63, 79, 80, 81, 89, 90, 91
heart 6, 7, 11, 20, 24, 25, 26, 49, 93
hormone 90, 91
iris 34, 69
joint 21, 22, 23, 89

———• KLMNO •———

kidneys 11, 82, 83, 84
lungs 7, 11, 25, 65, 66
melanin 59, 60, 62, 63
muscles 20, 21, 22, 23, 26, 35, 65, 69, 89, 92, 93
nail 55, 56, 57, 58
navel 87
optic nerve 34, 35
ovum 72, 73

———• PQRST •———

papillae 17, 28
perspiration 8, 42, 44, 45, 78
platelets 53, 54
pupils 34, 68, 69
red blood cells 52, 53, 54
retina 34, 35, 51
rib cage 11, 25
saliva 27, 28, 29
sebum 9, 77
skin 5, 7, 8, 9, 31, 59, 60, 61, 62, 77, 88, 89
spermatozoid 72, 73
stomach 65, 66, 67, 74
sweat 8, 44, 45
taste 17
tears 42
teeth 12, 18, 19, 38, 39, 40, 46, 47, 48, 49, 51
teeth, baby 38, 39, 48, 49
tongue 17, 18, 19
touch 30, 31, 32

———• UVWXYZ •———

umbilical cord 86, 87
ureters 83, 84
urethra 83
urine 82, 84
white blood cells 53, 54

My deepest thanks...

To Martine Podesto, for her never-ending support and precious advice.

To Claire de Guillebon, for inspiring me to find the best way to answer children simply.

To Anouk Noël, for her wonderful advice on the drawings. To Manuela Bertoni and Alain Lemire, for their delicate pencil strokes.

To Josée Noiseux, Émilie Corriveau, Danielle Quinty and Mathieu Douville for their help in organizing this book perfectly.

To Odile Perpillou and Véronique Loranger, for efficiently managing the production of this notebook.

To Gilles Vézina, who rummaged through my things and dug up such marvelous photos.

To Claude Frappier, for his revision of the French text.

To Donna Vekteris, for translating my words into English, and to Veronica Schami and Jo Howard for proofreading the English text.

To Dr. Luc Oligny, Chief of the Department of Pathology at Sainte-Justine UHC, for validating the scientific content of this notebook.

Especially to Caroline Fortin, François Fortin, and Jacques Fortin, who, as always, give me their support.

And last but not least, a very big thanks to all the curious young readers who sent me their questions. I can hardly wait for your next ones!

Let's make a date for another notebook, shall we?

Dr. Health

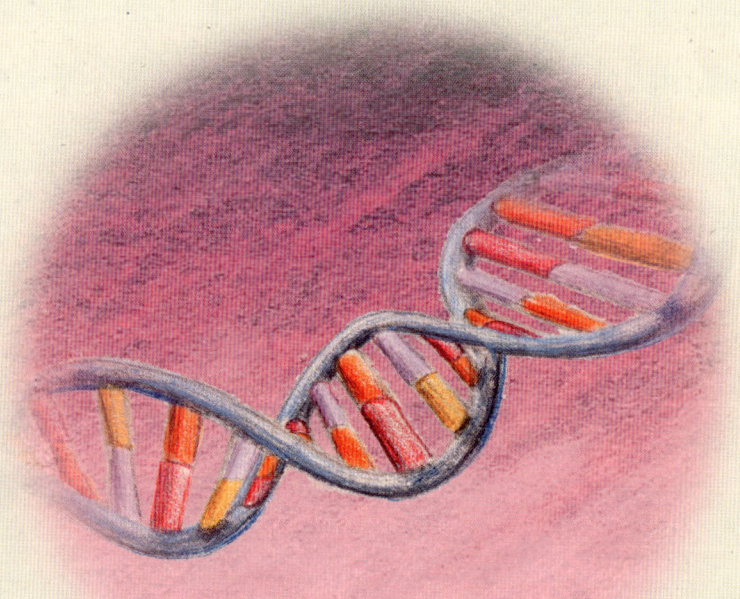

Photo credits

p. 6: Sand sculptures © Stefanie Grabbert / **p. 20:** Skateboarder © Ted Ollikkala / **p. 38:** Child with baby teeth © Martine Podesto / **p. 59:** Little Asian girl © Kien Tang / **p. 59:** Little Caucasian boy © Luc Sesselle / **p. 59:** Little black girl © Anissa Thompson / **p. 61:** Friends © Olivier de Guillebon / p. 62: Grandparents © Dale Hogan/iStockphoto.com / **p. 88:** Grandmother © Gloria-Leigh Logan/iStockphoto.com / **cover:** Little girl © Galina Barskaya/iStockphoto.com.